新时代马克思主义经典文献精学导读丛书

主编/顾海良

《哲学笔记》精学导读

陈胜云◎著

科学出版社

北　京

内 容 简 介

《哲学笔记》是马克思主义哲学时代化的重要实验室，是唯物主义辩证法的思想宝库，也是新时代中国共产党人科学世界观和方法论建构的重要理论资源。本书在分析列宁的《哲学笔记》的形成背景、历史地位、版本流传、逻辑结构的基础上，重点批判了黑格尔的唯心主义体系，提出了逻辑学、认识论和辩证法的"三同一"思想。同时，本书还深刻挖掘了《哲学笔记》在新时代的理论价值和现实意义。

本书适合马克思主义理论类专业的师生和广大党员干部，以及对马克思列宁主义感兴趣的读者阅读。

图书在版编目(CIP)数据

《哲学笔记》精学导读 / 陈胜云著. -- 北京：科学出版社，2025.7. -- （新时代马克思主义经典文献精学导读丛书 / 顾海良主编）. -- ISBN 978-7-03-082486-8

Ⅰ. A821.24

中国国家版本馆 CIP 数据核字第 2025ZF9729 号

责任编辑：刘英红　夏水云 / 责任校对：贾娜娜
责任印制：师艳茹 / 封面设计：润一文化

科学出版社 出版
北京东黄城根北街 16 号
邮政编码：100717
http://www.sciencep.com
天津市新科印刷有限公司印刷
科学出版社发行　各地新华书店经销
*
2025 年 7 月第 一 版　开本：720×1000　1/16
2025 年 7 月第一次印刷　印张：10 1/4
字数：122 000
定价：58.00 元

（如有印装质量问题，我社负责调换）

丛书编委会

主编：顾海良

成员：（以姓氏拼音字母为序）

艾四林　陈锡喜　丰子义　李佑新　刘　军

佘双好　孙蚌珠　孙代尧　孙来斌　孙熙国

王　东　王公龙　王宏波　王树荫　肖贵清

徐俊忠　张雷声

总　　序

　　"新时代马克思主义经典文献精学导读"是根据新时代学习马克思主义经典著作的需要，对各主要的经典著作所蕴含的马克思主义基本原理及其精神实质作出学习和研究性导读。

　　马克思主义基本原理是马克思主义的理论精粹，体现了马克思主义的根本性质和整体特征，体现了马克思主义立场观点方法的核心要义，体现了马克思主义科学性、人民性、实践性和时代性的思想特征。习近平总书记指出："掌握马克思主义，最重要的是掌握它的精神实质，运用它的立场、观点、方法和基本原理分析解决实际问题。"[①]在坚持和发展中国特色社会主义中，我们说"老祖宗"不能丢，在根本上就是马克思主义基本原理不能丢。

　　马克思主义基本原理深刻地蕴含于马克思主义经典著作之中；马克思主义经典著作是马克思主义基本原理的思想本源和理论基础。同时，马克思主义经典著作也蕴藏着马克思主义经典作家汲取人类探索真理的丰富的思想成果，深刻展现了马克

[①] 习近平：《中国共产党 90 年来指导思想和基本理论的与时俱进及历史启示》，《学习时报》2011 年 6 月 27 日。

思主义经典作家攀登科学高峰、矢志追求真理的精神境界。深入研读马克思主义经典著作是理解和掌握马克思主义基本原理的必修课，也是理解和掌握马克思主义理论体系的基本功。如习近平总书记所指出的："共产党人要把读马克思主义经典、悟马克思主义原理当作一种生活习惯、当作一种精神追求，用经典涵养正气、淬炼思想、升华境界、指导实践。"①

"马克思主义就是我们共产党人的'真经'，'真经'没念好，总想着'西天取经'，就要贻误大事！"②在提到学习《共产党宣言》的重要意义时，习近平总书记提出："广大党员、干部特别是高级干部要学好用好《共产党宣言》等马克思主义经典著作，坚持学以致用、用以促学，原原本本学，熟读精思、学深悟透，熟练掌握马克思主义立场、观点、方法，不断提高马克思主义理论素养。"③理论联系实际，在深化马克思主义经典著作研究阐释中，"推进经典著作宣传普及，让理论为亿万人民所了解所接受，画出最大的思想同心圆"④。

"新时代马克思主义经典文献精学导读"对各经典著作的研究阐释，由北京大学、中国人民大学、北京师范大学等高校马克思主义学院从事马克思主义经典著作教学和研究的学者担

---

① 《十九大以来重要文献选编》上，中央文献出版社 2019 年版，第 434 页。
② 《习近平关于全面从严治党论述摘编》，中央文献出版社 2016 年版，第 66 页。
③ 习近平：《中国共产党是〈共产党宣言〉精神忠实传人》，《人民日报》2018 年 4 月 25 日。
④ 习近平：《深刻感悟和把握马克思主义真理力量 谱写新时代中国特色社会主义新篇章》，《人民日报》2018 年 4 月 25 日。

纲。在对各经典著作的研究阐释中，首先力求对各经典著作形成的社会和历史条件作出准确解读，凸显相应的马克思主义基本原理形成和发展的思想基础和理论背景；其次力求对各经典著作理论内涵和精神实质作出系统导读，彰显新时代学习和实践相应的马克思主义基本原理的理论意义和现实意义；最后力求对经典著作中体现的科学原理和科学精神相结合的思想特征作出全面论述，更为深刻地理解"历史和人民选择马克思主义是完全正确的，中国共产党把马克思主义写在自己的旗帜上是完全正确的，坚持马克思主义基本原理同中国具体实际相结合、不断推进马克思主义中国化时代化是完全正确的"[1]。

　　"要以科学的态度对待科学，以真理的精神追求真理，不断赋予马克思主义以新的时代内涵。"[2]习近平新时代中国特色社会主义思想就是当代中国马克思主义，就是 21 世纪马克思主义。学习马克思主义经典著作，要同学习习近平新时代中国特色社会主义思想结合起来。在这一结合中，更为深刻地理解习近平新时代中国特色社会主义思想，更有定力、更有信心，也更加自觉、更加自信地坚持和发展新时代中国特色社会主义，确保中华民族伟大复兴的巨轮始终沿着正确航向破浪前行。

顾海良

2019 年 11 月 1 日

---

[1]《十九大以来重要文献选编》上，中央文献出版社 2019 年版，第 427—428 页。

[2] 习近平：《深刻感悟和把握马克思主义真理力量 谱写新时代中国特色社会主义新篇章》，《人民日报》2018 年 4 月 25 日。

目　　录

第一章 《哲学笔记》的版本与逻辑结构

为了深入理解和系统阐释马克思主义哲学，批判和纠正当时俄国革命队伍中的非马克思主义的错误观点，列宁在1895—1916年阅读了马克思主义创始人及费尔巴哈、黑格尔等人的一系列重要著作，留下了我们现在看到的《哲学笔记》。《哲学笔记》以辩证唯物主义和历史唯物主义为指导，重点批判了黑格尔的唯心主义体系，提出了逻辑学、认识论和辩证法的"三同一"思想，并在"三同一"的整体语境下，尝试建构唯物主义辩证法科学理论体系。

一、《哲学笔记》的版本与文本结构

本书研究的是中共中央编译局2017年出版的《列宁全集》第55卷，这一卷即学界通称的《哲学笔记》。《哲学笔记》收录了列宁在1895—1916年阅读马克思、恩格斯、费尔巴哈、黑格尔等人哲学著作时留下的摘要、短文、札记和批注。

1956年，中央编译局根据1933年俄文版《哲学笔记》首次翻译出版了中文版《哲学笔记》。1990年，中央编译局根据

《列宁全集》俄文第 5 版第 29 卷，重新校订出版了《列宁全集》中文版第 55 卷。2017 年，中央编译局在 1990 年第 2 版的基础上出版了增订版。本书所研究的即是 2017 年《列宁全集》第 2 版增订版的第 55 卷。

从所编排的具体文本看，《哲学笔记》中的文本总共有三种类型。

第一类是摘要和短文，总共 11 个文本：①《马克思和恩格斯〈神圣家族〉一书摘要》（1895 年）；②《费尔巴哈〈宗教本质讲演录〉一书摘要》（不早于 1909 年）；③《费尔巴哈〈对莱布尼茨哲学的叙述、阐发和批判〉一书摘要》（1914 年）；④《黑格尔〈逻辑学〉一书摘要》（1914 年）；⑤《黑格尔〈哲学史讲演录〉一书摘要》（1915 年）；⑥《黑格尔〈历史哲学讲演录〉一书摘要》（1915 年）；⑦《诺埃尔〈黑格尔的逻辑学〉一书摘要》（1915 年）；⑧《黑格尔辩证法（逻辑学）的纲要》（1915 年）；⑨《拉萨尔〈爱非斯的晦涩哲人赫拉克利特的哲学〉一书摘要》（1915 年）；⑩《谈谈辩证法问题》（1915 年）；⑪《亚里士多德〈形而上学〉一书摘要》（1915 年）。

这 11 个文本是《哲学笔记》的主体，列宁在这些文本中阐述了自己关于辩证唯物主义与历史唯物主义的创新性观点。在第 1—3 个文本里，列宁对辩证唯物主义和历史唯物主义立场进行了再确认，这是列宁回到黑格尔哲学文本的出发点。第 4 个文本《黑格尔〈逻辑学〉一书摘要》的内容最多，占了一百多个页面，是《哲学笔记》的核心部分。在这个文本中，列宁批判了黑格尔唯心主义，在实践认识论的语境中初步论证了逻辑学、认识论和辩证法的"三同一"思想，提出了辩证法的"十六条要素"。在第5、6、11个文本里，列宁从哲学史的视域对逻辑学、认识论和辩证法思想进行了批判性反思，也对第4个文本中提出的基本观点进行了哲学史的确证。在第7、9个文本里，列宁批判性分析了诺埃尔和拉萨尔的观点，辅助性论证了自己的辩证唯物主义和历史唯物主义观点。在第8个文本里，列宁以马克思的《资本论》为例，提出了逻辑学、认识论和辩证法的"三同一"思想。第10个文本是《哲学笔记》的精髓部分，列宁概括了"辩证法的实质"，并从认识论和方法论的视角批判了主观主义与形而上学。

第二类是关于书籍、论文和书评的札记，总共有7个文本：《弗·宇伯威格〈哲学史概论〉》（1903年）、《弗·保尔森〈哲学引论〉》（1903年）、《关于恩·海克尔〈生命的奇迹〉和〈宇宙之谜〉的书评的札记》（1904年）、《关于索邦图书馆中的自然科学和哲学书籍的札记》（1909年）、《〈奥地利农业统计及其他〉笔记本片段》（1913年）、《〈哲学笔记本〉片段》（1914—1915年）、《〈帝国主义笔记本〉片段》（1915—1916年）。第二类文本的内容相对较少，总共才30多页，但是与第一类文本的主题具有直接的关联性，因此，对深入研究第一类文本所呈现的列宁哲学思想具有重要的启发作用。

第三类是批注，总共有7个文本：《约·狄慈根〈短篇哲学著作集〉一书批注》（1908年）、《格·瓦·普列汉诺夫〈马

克思主义的基本问题〉一书批注》（不早于 1908 年 5 月）、
《弗·舒利亚季科夫〈西欧哲学（从笛卡儿到恩·马赫）对资
本主义的辩护〉一书批注》（不早于 1908 年）、《阿贝尔·莱
伊〈现代哲学〉一书批注》（1909 年）、《阿·德波林〈辩证
唯物主义〉一文批注》（不早于 1909 年）、《格·瓦·普列汉
诺夫〈尼·加·车尔尼雪夫斯基〉一书批注》（1909—1911 年）、
《尤·米·斯切克洛夫〈尼·加·车尔尼雪夫斯基的生平和活动
（1828—1889）〉一书批注》（1909—1911 年）。在这一类文
本中，列宁以竖线及其他符号进行标注，重点思考了辩证唯物
主义和历史唯物主义的观点，从具体内容看，涉及哲学、政治
经济学和科学社会主义多个学科。

二、《哲学笔记》的创作逻辑与主旨

列宁的《哲学笔记》的主旨是锻造认识和改造俄国的科学
世界观和方法论，批判和纠正当时俄国革命队伍中存在的非马
克思主义的错误观点，其核心内容是深化理解和丰富发展马克
思主义哲学，特别是其中的唯物主义辩证法。《哲学笔记》的
编排突出了列宁从马克思主义创始人的哲学思想回到黑格尔哲
学思想批判性审视的反思逻辑，让我们能够透过原生态哲学笔
记回溯列宁建构唯物主义辩证法理论体系的思想过程，并把握
列宁辩证法思想的精髓要义。

　　列宁关于《神圣家族》一书的摘要虽然形成于 1895 年，但是摘要的内容与《哲学笔记》1914 年之后的内容直接相关。因此，这个文本能够很好地帮助我们理解列宁回到黑格尔哲学思想批判性审视的理论前提。形成时间不早于 1909 年的关于费尔巴哈的《宗教本质讲演录》一书的摘要，同样与《哲学笔记》1914 年之后的内容相关。这个文本告诉我们，列宁对马克思、恩格斯在哲学思想上超越费尔巴哈的整体语境和核心要义是有全面而深刻的理解的，解读这个文本有利于我们深度理解列宁回到黑格尔哲学思想批判性审视的必要性。

　　列宁在 1908 年撰写的《唯物主义和经验批判主义》中系统界定了唯物主义的物质概念，提出了两条对立的认识路线。对辩证唯物主义已经有非常深入的理解和研究，这是列宁回到黑格尔哲学的底气。列宁对待黑格尔哲学思想的态度是辩证的，批判黑格尔的唯心主义倾向充分体现了他坚定的唯物主义哲学立场，但从黑格尔那充满历史内涵的辩证法思想当中汲取养分却是他回到黑格尔的根本意图。列于辩证法要素第一条的"考察的客观性"体现的正是其唯物主义的哲学立场。从辩证法"十六条要素"到《谈谈辩证法问题》表明，列宁在坚持逻辑学、认识论与辩证法的统一性原则上丰富和发展了唯物主义辩证法。在这里，列宁告诉我们怎么才能回到观察事物运动发展本身的客观性上，以及如何才能真正实现对"关系的全部总和"的系统认识，从而在哲学上有效批判唯心主义与形而上学，在实践活动中始终坚持实事求是的态度和符合客观规律的历史辩证法。

列宁回到黑格尔哲学思想批判性审视，说到底是为了批评当时在俄国革命问题上存在的错误思想，这些错误思想的理论根源是唯心主义认识论和形而上学的思维方式。但是从文本解读看，列宁在回到黑格尔哲学思想批判性审视的过程中，已经在有意建构一套马克思主义的唯物主义辩证法理论体系。正是在这个意义上，我们可以说，列宁的《哲学笔记》没有停留在一般性阐释马克思主义科学世界观和方法论的层面上，而是跃迁到新时期马克思主义科学世界观和方法论特别是唯物主义辩证法的系统性建构层面上。更值得我们注意的是，《哲学笔记》的理论进路，体现了列宁唯物主义辩证法思想不断丰富和发展的过程，因此解读《哲学笔记》的过程是向列宁学习马克思主义哲学话语体系建构的过程，也是向列宁学习马克思主义科学世界观和方法论的过程。

必须指出来的是，列宁的《哲学笔记》内容是非常丰富的。只要坚持理论联系实际的解读原则，并真正做到联系《哲学笔记》的上下文，我们就能发现，列宁在笔记中所标注的每个文字与符号都具有深意。《哲学笔记》并没有停留在唯物主义辩证法层面，而是广泛地涉及唯物主义历史观和自然观的诸多维度。《哲学笔记》始终围绕事物运动本身的生动过程加以展开，在积极汲取辩证法合理内核的同时，还揭示了黑格尔逻辑学走向科学认识论和走近事物辩证运动过程的可能性。就此而言，列宁的《哲学笔记》对马克思主义哲学史的贡献是不言而喻的。

第二章 马克思主义基本哲学立场的确证

《哲学笔记》最先编排了列宁阅读马克思、恩格斯的《神圣家族》和费尔巴哈的《宗教本质讲演录》留下的摘要。这两个文本的阅读时间都比较早，前者是 1895 年，后者是不早于1909 年，比《哲学笔记》的主体部分即关于黑格尔的《逻辑学》的阅读摘要早很多。这两个文本非常重要，因为在阅读这两个文本时，列宁意识到回到黑格尔逻辑学特别是其中的辩证法思想的必要性，也就是说，阅读黑格尔的哲学文本是列宁在阅读这两个文本时萌生的想法，阅读这两个文本为回到黑格尔逻辑学做了理论储备。

一、黑格尔哲学在马克思思想转向中的作用

列宁回到黑格尔哲学的重要原因之一，是因为他意识到马克思是由黑格尔才得以转向社会主义的。列宁的这个理由并非想当然，只要大家回想起《社会主义从空想到科学的发展》这个文本，就可以明白其中的道理。正是在这个文本中，恩格斯在叙述科学社会主义诞生的过程时明确表示，黑格尔哲学所强调的关于事物发展过程的辩证法思想对科学社会主义的创立有

着积极作用。这种积极作用表现在，空想社会主义对未来社会的天才猜测只有回到人类社会历史过程中才能得到现实确证，而在哲学思想上首先回到人类社会现实历史过程的正是黑格尔，黑格尔是借助辩证法才从神迹历史回到人类现实历史的。但在阅读《神圣家族》时，列宁并非从黑格尔哲学本身出发来达到这一认识的，他是通过马克思对蒲鲁东的批判性解读来深化这方面理解的。列宁发现，在《神圣家族》中，"马克思以很赞扬的口吻谈论蒲鲁东"[①]，而且他还注意到，在谈论蒲鲁东的时候，马克思引用了恩格斯的《国民经济学批判大纲》。而《国民经济学批判大纲》中的观点与马克思的是一致的，这是列宁阅读《神圣家族》时已经确立的基本立场。

列宁看到，1844 年的马克思在保护蒲鲁东的同时，在反对《文学总汇报》的批判者，当时马克思用社会主义思想来反对思辨。列宁点评道："在这里，马克思由黑格尔哲学转向社会主义：这个转变是显著的，——可以看出马克思已经掌握了什么以及他如何转到新的思想领域。"[②]那么，马克思到底掌握了什么？或者马克思是如何转到新的思想领域的？从列宁的摘要内容可以看出来，马克思借助蒲鲁东建构起批判国民经济学的理论框架，其核心是揭示国民经济学本身的反人性特征。列宁的摘要突出了马克思关于蒲鲁东揭示了国民经济学违反人性并

---

① 《列宁全集》第 55 卷，人民出版社 2017 年版，第 6 页。
② 《列宁全集》第 55 卷，人民出版社 2017 年版，第 6 页。

结束了国民经济学不自觉状态这一观点。这让我们看到，国民经济学是以私有制为前提的，本质上是反人性的。国民经济学所谓工资是同消耗在产品上的劳动相称的份额，工资和资本的利润处在最友好的、互惠的、最合乎人性的关系中等说法，都是不符合实际的错误观点。列宁指出，马克思还让我们记住："蒲鲁东提到，公平通过对自身的否定而实现，从而也就摆脱了历史上的这个绝对者。"[①]显然这个"绝对者"就是文本所提及的"公平"，即被神圣化的另一个神。这里需要指出两点：一是列宁从马克思的这段话中意识到，蒲鲁东以黑格尔辩证法的处理办法批判了国民经济学关于私有制和人性的错误观点，因此黑格尔辩证法给列宁留下了深刻的印象。二是列宁没有提后来马克思对蒲鲁东改良主义思想的批判，但并不代表列宁不知道有这回事。在此，列宁重点是强调黑格尔辩证法在马克思、恩格斯思想发展过程中所起到的作用。

列宁进一步的阅读表明，马克思不仅肯定了蒲鲁东对私有制的否定，而且找到了革命的主体即无产阶级。列宁指出："往下就是批判性的评注"，"其中非常鲜明地提出了马克思的几乎已经形成了的对于无产阶级革命作用的观点"[②]。列宁在此引用的马克思的论断是非常贴切的："蒲鲁东从国民经济学用诡辩掩盖的相反的方面出发，即从私有财产的运动造成的贫穷

①《列宁全集》第 55 卷，人民出版社 2017 年版，第 8 页。
②《列宁全集》第 55 卷，人民出版社 2017 年版，第 8—9 页。

出发，进行了否定私有财产的思考。"①从革命主体看，无产阶级义无反顾地要求否定私有制及其违反人性的现实状况。在表达这些观点时，马克思用的是黑格尔的辩证法术语。比如，无产阶级是"对立的否定方面"②，以强调无产阶级在私有制引起的异化中看到自己的无能为力和违反人性的生存现实。有意思的是，列宁引用了马克思所表述的"用黑格尔的话来说"③，并引用了马克思借黑格尔辩证法术语所表达的结论："因此，在这种对立内，私有者是保守的一方，无产者是破坏的一方。从前者产生保持对立的行动，从后者则产生消灭对立的行动。"④在黑格尔辩证法表达式中阐释的"私有财产在自己的国民经济运动中自己使自己走向瓦解"⑤这一结论，对于这个时候的列宁来说，是具有很强的理论吸引力的，因为他想知道黑格尔辩证法为何具有这么强大的理论张力。毫无疑问，这是列宁回到黑格尔逻辑学的重要理由之一。

二、在精神和群众关系的辨析中确立坚定立场

在列宁看来，马克思、恩格斯的哲学思想体系是指向人类

①《列宁全集》第 55 卷，人民出版社 2017 年版，第 9 页。
②《列宁全集》第 55 卷，人民出版社 2017 年版，第 9 页。
③《列宁全集》第 55 卷，人民出版社 2017 年版，第 9 页。
④《列宁全集》第 55 卷，人民出版社 2017 年版，第 10 页。
⑤《列宁全集》第 55 卷，人民出版社 2017 年版，第 10 页。

社会问题的现实解决的，而这套思想体系有其最坚实的理论范式，这就是物质生产范式，即基于社会生产关系分析而建构起来的历史理解范式。在引用马克思的话间接强调"人同人的社会关系"①之后，列宁指出："这一段话极有特色，因为它表明马克思如何接近自己的整个'体系'（如果可以这样说的话）的基本思想——即如何接近生产的社会关系这个思想。"②确实如此，对于马克思主义来说，生产的社会关系作为批判对象的确定，奠定了社会主义由空想走向科学的现实基础，因为私有制的背后正是现实生产活动的社会关系结构。正是由于马克思实现了对资本主义生产的社会关系的批判，所以劳动价值论的合理性在新的理论体系中得以确证，从而有可能在揭示剩余价值生产秘密的基础上论证科学社会主义。因此，在接下来的摘要中，列宁强调"马克思接近劳动价值论了"，并把科学社会主义标注为"'群众的'社会主义和共产主义"③。

列宁显然是懂得群众史观的，而且懂得群众史观对历史唯物主义和科学社会主义的重要意义，因此特别关注马克思对布鲁诺·鲍威尔的关于精神和群众关系判断的理论批判。列宁在批注中强调对精神和群众关系的批判性分析"极其重要"④，因为在鲍威尔等人看来，群众是被动的，一旦群众关心起历史，

---

① 《列宁全集》第 55 卷，人民出版社 2017 年版，第 13 页。
② 《列宁全集》第 55 卷，人民出版社 2017 年版，第 13 页。
③ 《列宁全集》第 55 卷，人民出版社 2017 年版，第 13 页。
④ 《列宁全集》第 55 卷，人民出版社 2017 年版，第 15 页。

历史就会变得不成功，显然这个观点是错误的。那么鲍威尔等人为什么把群众看作是被动的呢？很重要的一点是因为鲍威尔等人看到群众总是与利益纠缠在一起。他们把不同阶级所代表的利益混为一谈，以为超越一切利益就可以正确地批判不合理的社会，就可以用高尚的批判的历史代替群众的现实的历史。马克思站在人类解放的立场上，把代表过去的利益与代表未来的群众利益区分开来，肯定群众创造历史的基本观点，肯定群众队伍不断扩大的历史趋势。为此，列宁在以下这一句话的右侧加了"注意"两个字："历史活动是群众的活动，随着历史活动的深入，必将是群众队伍的扩大。"[1]

在相关的摘要中，列宁很重视黑格尔思辨哲学的变戏法，因为弄明白这一套戏法就可以让回到黑格尔的哲学思想变得更加有底气，而不至于困在其思辨体系当中。列宁注意到《神圣家族》中"思辨结构的秘密"这一小节，并用简短的语句概括了黑格尔怎么把现实的水果变成水果概念然后加以自由演绎的秘密。此后，列宁还一直关注马克思对鲍威尔等人运用黑格尔的"水果"变戏法玩弄精神概念这一做法的批判，还特别引注了马克思关于鲍威尔等人从黑格尔的《精神现象学》中学会的思辨技艺："即把存在于我身外的现实的、客观的链条变成纯观念的、纯主观的、只存在于我身内的链条，因而也就把一切

---

[1]《列宁全集》第 55 卷，人民出版社 2017 年版，第 15 页。

外在的感性的斗争都转变成纯粹的思想斗争。"①列宁通过对
《神圣家族》内容的摘要，弄明白了鲍威尔笔下精神和群众关系
被颠倒歪曲，也意识到鲍威尔关于精神和群众关系的误读背后
隐藏着黑格尔思辨哲学的秘密。列宁在此道出了一个真理："黑
格尔历史观的前提是抽象的和绝对的精神，这种精神的承担者
是群众。"②鲍威尔学会了黑格尔哲学思想的皮毛，把绝对的
批判即思辨的批判当作绝对精神，当作思辨哲学家们头脑中才存
在的观念史的创造者。列宁摘下了《神圣家族》一书中阐述群众
史观的一段话，用以强调现实历史是由现实的群众所创造的："历
史什么事情也没有做，它'不拥有任何惊人的丰富性'，它'没
有进行任何战斗'！其实，正是人，现实的、活生生的人在创造
这一切，拥有这一切并且进行战斗。并不是'历史'把人当做手
段来达到自己——仿佛历史是一个独具魅力的人——的目的。
历史不过是追求着自己目的的人的活动而已。"③

　　这里值得我们注意的是，列宁还引用了恩格斯表述的一段
话，这段话肯定了费尔巴哈在马克思主义创立过程中的积极作
用，即揭示了黑格尔思辨哲学的秘密，用现实的人的历史代替
了黑格尔的绝对精神的观念史。这一点对于我们理解列宁回到
费尔巴哈是有好处的，否则就很难理解为什么列宁不仅阅读黑
格尔的哲学著作，还阅读费尔巴哈的哲学著作。列宁引用恩格

①《列宁全集》第55卷，人民出版社2017年版，第16页。
②《列宁全集》第55卷，人民出版社2017年版，第17页。
③《列宁全集》第55卷，人民出版社2017年版，第19页。

斯的话指出："然而，到底是谁揭露了'体系'的秘密呢？是费尔巴哈。是谁摧毁了概念的辩证法即仅仅为哲学家们所熟悉的诸神的战争呢？是费尔巴哈。是谁不是用'人的意义'而是用'人'来代替包括'无限的自我意识'在内的破烂货呢？是费尔巴哈，而且仅仅是费尔巴哈。"①

列宁说《神圣家族》表明马克思已经接近整体理论体系的基本思想，而且马克思已经由批判思辨哲学回到了政治批判，并由政治批判走向市民社会批判，基本思想的核心已经指向物质生产的社会关系，而市民社会批判的核心恰恰是物质生产的社会关系的批判。由此，马克思已经完成宗教批判，并继而超越政治批判阶段，到达社会批判阶段。从主体解放维度看，他从宗教解放到政治解放，继而走向人的社会解放。因此，相比于鲍威尔等的绝对批判来说，马克思已经建构起社会批判理论的历史唯物主义基本框架。列宁说："法国革命产生了共产主义的思想（巴贝夫），这种思想经过彻底的酝酿，就成为新世界秩序的思想。"②列宁这里所说的新世界秩序的思想，核心观点就是经济基础决定上层建筑，市民社会决定国家，而不是相反。由此可见，列宁已经具备了批判性阅读黑格尔哲学思想的正确立场和思想方法。

---

① 《列宁全集》第 55 卷，人民出版社 2017 年版，第 19 页。
② 《列宁全集》第 55 卷，人民出版社 2017 年版，第 24 页。

三、在哲学史中分析黑格尔哲学思想的秘密

列宁发现，之前的阅读只是铺垫，在《神圣家族》中，马克思、恩格斯已经在哲学史的整体逻辑中系统分析了黑格尔哲学思想的要素。这让列宁对黑格尔哲学思想有了更清晰的认识，也为他阅读黑格尔哲学提供了更充分的思想条件。

针对《神圣家族》第 6 章第 3 节中 d 小节这一部分，列宁一上来就作出肯定性判断："本章（第 6 章第 3 节中的 d 小节）是全书中最有价值的部分之一。"①之所以《神圣家族》这一部分这么重要，是因为这一部分主要是马克思、恩格斯自己关于法国唯物主义历史的哲学思想叙述，理论上直接通向马克思主义的辩证唯物主义与历史唯物主义。因此，列宁说本应该在这里把全章都抄录下来，但限于篇幅只能简短地摘录它的内容。从这部分摘录的内容看，重点是列宁借马克思、恩格斯的文本弄懂了黑格尔哲学思想的基本要素。列宁指出："黑格尔天才地把 17 世纪形而上学同一切形而上学以及德国唯心主义结合起来并建立了一个形而上学的包罗万象的王国。随之而来的又是'对思辨的形而上学和一切形而上学的进攻。这种形而上学将永远屈服于现在为思辨本身的活动所完善化并和人道主义相吻合的唯物主义。费尔巴哈在理论领域体现了和人道主义相吻

①《列宁全集》第 55 卷，人民出版社 2017 年版，第 25 页。

合的唯物主义，而法国和英国的社会主义和共产主义则在实践领域体现了这种唯物主义。'"①可见，黑格尔在哲学史上起到了非常重要的作用，唯物主义在批判黑格尔思辨哲学的基础上不断地丰富和发展，最终走向的是经得起批判理论检验的历史唯物主义。值得我们注意的是，虽然列宁知道费尔巴哈后来是受到马克思、恩格斯批判的，但对于哲学史的大逻辑来说，关键是看到费尔巴哈自然主义加上人道主义的唯物主义在批判黑格尔的思辨抽象理论中的贡献，同时看到当时最先进的资产阶级国家即英国和法国所产生的社会主义和共产主义实践派的历史意义。

列宁虽然很关注英国和法国唯物主义派别的思想发展史，但更关注的是德国古典哲学及其黑格尔哲学体系分解之后的思想发展历程，因为他想在哲学史的意义上总体理解黑格尔，为他建构唯物主义辩证法体系作思想上的充分准备。看到关于施特劳斯和鲍威尔哲学思想的批判部分，列宁很感兴趣，整段摘抄，因为这部分的重点是分析黑格尔哲学思想的要素。列宁接下来摘抄了一大段话，这段话告诉了我们黑格尔哲学思想的三大要素："在黑格尔的体系中有三个要素：斯宾诺莎的实体、费希特的自我意识以及前两个要素在黑格尔那里的必然充满矛盾的统一，即绝对精神。第一个要素是形而上学地改了装的、同人分离的自然。第二个要素是形而上学地改了装的、同自然

---

① 《列宁全集》第 55 卷，人民出版社 2017 年版，第 25—26 页。

分离的精神。第三个要素是形而上学地改了装的以上两个要素的统一，即现实的人和现实的人类。"①显而易见，列宁之所以摘下这一段话，是因为黑格尔哲学思想中以往被思辨话语所遮蔽的三大要素被阐释明白了，那个实体无非就是自然的别称，那个自我意识（马克思的博士论文还困在这个自我意识的理论体系当中）就是精神的表现形式，而绝对精神就是人类社会现实历史过程的抽象而已。列宁接着还摘录了另一段话，以说明费尔巴哈是如何使我们意识到黑格尔哲学的思辨性从而回到现实人类社会历史过程的。作为《神圣家族》的文本内容，这段话很快就被马克思 1845 年春天写下的《关于费尔巴哈的提纲》批判性超越了，但对于列宁回到完整的哲学史却很有意义，因为其可以让我们完整地看到在那个思想狂飙的年代里，马克思、恩格斯是如何成为费尔巴哈派的。列宁读过《路德维希·费尔巴哈和德国古典哲学的终结》，所以知道费尔巴哈哲学思想的过渡性，因此，这些段落的摘抄并不影响列宁对费尔巴哈哲学思想的哲学史评价，而且更重要的是他需要从费尔巴哈真正地回到历史唯物主义，这是列宁在后面为什么要先回到费尔巴哈的《宗教本质讲演录》的真正原因。

《精神现象学》中隐藏着黑格尔哲学的秘密，因此，列宁特别关注马克思、恩格斯对《精神现象学》的解读，并摘了好几段话。通过这几段话，他看明白了黑格尔的哲学变戏法。黑

---

① 《列宁全集》第 55 卷，人民出版社 2017 年版，第 29 页。

格尔用自我意识来代替人，而人类现实被当作自我意识的规定性，但这种规定性是被黑格尔抽象过的、提升到思维领域的规定性。这样一来，原来作为精神对立面与客观限制的现实事物的规定性，已经变成黑格尔在思想领域可以操控和演绎的概念与范畴。黑格尔在思维领域最终扬弃了这些规定性，走向他所意指的绝对精神。在哲学推演中，实际上那些客观的现实的规定性并没有因为黑格尔哲学思想有任何的损益，但在黑格尔体系中作为主体的精神却宣称已经"征服了这个世界"[①]。《精神现象学》最后用"绝对知识"来代替全部人类现实，是因为知识是自我意识的唯一存在方式，因为自我意识在黑格尔哲学思想体系中被看作人的唯一存在方式，这是这一哲学思想体系头足倒置的一面，也只有这样黑格尔才能在自己的哲学思想中掌控整个世界，才能在哲学领域完成对世界的认知，同时又不受人类社会历史客观过程的束缚。有趣的是，列宁还摘了一段话，以表明黑格尔哲学思想是富有历史内涵的，但由于对现实的无奈，黑格尔哲学思想只能做一些变通，"不言而喻，如果说黑格尔的《现象学》尽管有其思辨的原罪，但还是在许多方面提供了真实地评述人的关系的要素"[②]。

[①]《列宁全集》第 55 卷，人民出版社 2017 年版，第 33 页。
[②]《列宁全集》第 55 卷，人民出版社 2017 年版，第 34 页。

第三章 对费尔巴哈唯物主义的批判性分析

列宁回到费尔巴哈的两个重要文本，目的是想对费尔巴哈的直观唯物主义展开批判性分析。在《宗教本质讲演录》的摘要中，列宁强调费尔巴哈的唯物主义并没有达到历史唯物主义的理论水平；而在《对莱布尼茨哲学的叙述、阐发和批判》的摘要中，列宁已经开始讨论物质与运动的主题，阅读黑格尔哲学文本的意愿愈发强烈。

一、对"合理的利己主义"的解读

列宁在《宗教本质讲演录》的摘要中做了很多的标注和点评，内容涉及对唯物主义的哲学定位、对合理利己主义革命意图的关注，以及对费尔巴哈误解革命阶段的点评。从中不难看出，列宁对费尔巴哈的点评是基于马克思主义立场观点方法展开的，列宁阅读费尔巴哈哲学文本的真实意图，是为当时的革命推进做思想准备。

在序言部分，列宁指出费尔巴哈虽然在哲学思想上帮助过马克思逃离黑格尔的思辨，但是在具体的革命斗争中他却没有那么清醒。费尔巴哈在 1848 年的革命中看到了其存在的不足，那就是这次革命并不是他所想要的走向更彻底的革命，而是立宪主义者指望在君主的诺言中实现自由的革命。费尔巴哈所想的革命是以消灭君主制度和等级制度为根本目的的革命，他称这种革命为"胜利的革命"。看到费尔巴哈如此表述，列宁在边上写下了几个字："费尔巴哈不懂得 1848 年革命。"①在读到《宗教本质讲演录》第 437 页时，列宁的摘要如下："我并不反对立宪君主制，但只有民主共和国'直接对理性说来才是符合人的本质的国家形式'。"边上还标注着"哈哈！！"②列宁之所以这样标注，是因为费尔巴哈虽然意识到抽象人本主义语境下的共和国政治诉求，但他并不知晓真正的符合现实人性的共和国的建立是需要通过现实的革命才能实现的。更为重要的是，因为缺少对现实革命形势的整体判断，费尔巴哈对 1848 年进行的民主革命给予了过多期待，背后是对资产阶级民主革命与以无产阶级为主体的社会主义革命的混淆。

从革命的角度看，列宁更加关注革命主体力量的激发，因此在《宗教本质讲演录》中，他对费尔巴哈所说的合理的利己主义话题感兴趣。在标注"'利己主义'及其意义"的旁边，列宁引用了费尔巴哈关于利己主义的评论："我所理解的利己主义不是'市侩和资产者'的利己主义，而是和自然界、和人

---

① 《列宁全集》第 55 卷，人民出版社 2017 年版，第 37 页。
② 《列宁全集》第 55 卷，人民出版社 2017 年版，第 57 页。

的理性相一致的哲学原则，它反对'神学的虚伪、宗教的和思辨的幻想、政治的专制'"。列宁加了着重号评论道："非常重要。"①那么，列宁为什么要对利己主义加以关注呢？因为这涉及革命的意图与斗争的意志问题，列宁在想，能不能在哲学上用合理的利己主义说明白革命的动机。这样就不难理解，列宁为什么在这个段落之后专门讨论了"能"的问题。列宁写下了这样一段话："顺便提一下，在第78页费尔巴哈有这样一个用语：能即活动。这是值得指出的。真的，在能的概念中具有主观的因素，而这种因素，比如说，在运动的概念中就没有。或者更确切些说，在能的概念中或在能的概念的应用中有着排斥客观性的某种东西。月亮的能与月亮的运动对比（比较一下）。"②简单地说，列宁想用哲学解释革命的心理动机问题，再进一步，他想解释革命的意图问题。在列宁看来，费尔巴哈已经触及事物运动的内在动力问题，但这种内在动力显然不是黑格尔哲学思想中的精神动力，而是事物本身所具有的。就现实的革命来说，所要说明的"月亮的能"指的就是阶级意识，而这种意识一定有唯物主义者可以观察到的现实表现，而这种表现能不能如费尔巴哈那样把它说成为合理的利己主义，这是当时列宁所重点关注的。

在后面的引注中，列宁多次关注这个利己主义的问题。比

①《列宁全集》第55卷，人民出版社2017年版，第40页。
②《列宁全集》第55卷，人民出版社2017年版，第40页。

如，他注意到《宗教本质讲演录》第 68 页和 69 页都讲了利己主义的问题。又比如，他还摘下了第 392 页和 393 页上关于利己主义的重要段落。列宁强调："只从有某些意义的东西中指出最主要的：道德的基础是利己主义。"①在这一摘要部分，列宁显然对费尔巴哈的各种类型的利己主义表示出深厚的兴趣。费尔巴哈提到"对生活的爱，利益，利己主义"，还提到："不仅有单个的或个人的利己主义，而且有社会的利己主义、家庭的利己主义、集团的利己主义、公社的利己主义、爱国的利己主义。"②列宁在这些文字的左侧加了评语："历史唯物主义的胚芽！"③抛开费尔巴哈抽象的人道主义不说，列宁关注的重点是费尔巴哈所说的："善不是别的，而是符合一切人的利己主义的东西……"④费尔巴哈在这里提到的"一切人的利己主义的东西"，就列宁所熟悉的马克思主义革命语境而言，其实质是普遍的人类利益。而马克思、恩格斯就是从人类解放的角度历史地分析普遍利益的，人类解放的每次推进都是被普遍利益的实现所推动的，资产阶级在获得革命的胜利之前也标榜自己的利益是普遍的人类利益，但现实表明，他们代表的只是资产阶级自己的特殊利益。

因为利益问题与革命动机问题相关，所以列宁在接下来一

---

① 《列宁全集》第 55 卷，人民出版社 2017 年版，第 52 页。
② 《列宁全集》第 55 卷，人民出版社 2017 年版，第 52 页。
③ 《列宁全集》第 55 卷，人民出版社 2017 年版，第 52 页。
④ 《列宁全集》第 55 卷，人民出版社 2017 年版，第 52 页。

段摘要的边上再次加了评语"历史唯物主义的胚芽"[①]，而且强调这里表达的是"费尔巴哈的'社会主义'"[②]观点。那么，费尔巴哈到底说了什么，能让列宁给予如此高的评价呢？有意思的是，列宁发现费尔巴哈用他笨拙的自然唯物主义的话语表述了《共产党宣言》所强调的思想。费尔巴哈指出："只要看一看历史！历史上的新时代是什么时候开始的呢？到处都是在被压迫群众或大多数人提出自己完全合理的利己主义去反对民族或等级的极端利己主义的时候开始的，是在人们的阶级〈原文如此！〉或全民族战胜了少数统治者的狂妄自大，摆脱了无产阶级受歧视的黑暗状况而进入具有历史性荣誉的光明境地的时候开始的。目前占人类多数的被压迫者的利己主义就应当这样实现而且一定会实现自己的权利并开创新的历史时代。不是要消灭知识贵族，精神贵族；哦，不是的！但不能容许只有少数人是这种贵族，其余的人都是愚民；人人都应当是——至少应当是——有知识的；不是要消灭财产，哦，不是的！但不能容许只有少数人拥有财产，其余的人却一无所有；而是人人应当拥有财产。"[③]从摘下的这段话的理论意义看，列宁是同意从物质利益的角度去解读无产阶级革命的意图的，但费尔巴哈即使用利己主义作为无产阶级革命的基本动机，还是没有达到《共产党宣言》的理论高度。所以列宁马上加了一个具有理论定

---

①《列宁全集》第 55 卷，人民出版社 2017 年版，第 52 页。
②《列宁全集》第 55 卷，人民出版社 2017 年版，第 52 页。
③《列宁全集》第 55 卷，人民出版社 2017 年版，第 52—53 页。

位性质的批注："这些讲演是 1848 年 12 月 1 日至 1849 年 3 月 2 日作的，而该书序言注明的日期是 1851 年 1 月 1 日。费尔巴哈在这段期间（1848—1851 年）已经远远地落后于马克思（《共产党宣言》，1847 年，《新莱茵报》等）和恩格斯（1845 年：《状况》）。"①简单地说，在《共产党宣言》阐述无产阶级革命的普遍利益实现动机之后，仍然用"合理的利己主义"表达无产阶级革命意图，这显然是费尔巴哈已经落后于马克思、恩格斯思想发展进程的表现。但这不是列宁解读费尔巴哈文本的目的，列宁的目的是要弄明白费尔巴哈落后于马克思、恩格斯思想的哲学根源，于是就有了列宁对费尔巴哈的《宗教本质讲演录》关于自然的感性的唯物主义思想的大量摘要。

二、费尔巴哈感性的直观唯物主义

在《关于费尔巴哈的提纲》中，马克思指出："从前的一切唯物主义（包括费尔巴哈的唯物主义）的主要缺点是：对对象、现实、感性，只是从客体的或者直观的形式去理解，而不是把它们当做感性的人的活动，当做实践去理解，不是从主体方面去理解。"②与马克思、恩格斯所撰写的《共产党宣言》相比，费尔巴哈的思想还停留在撰写《基督教的本质》阶段，

---

① 《列宁全集》第 55 卷，人民出版社 2017 年版，第 53 页。
② 《马克思恩格斯文集》第 1 卷，人民出版社 2009 年版，第 499 页。

但这并非列宁回到费尔巴哈的原因，弄清楚唯物主义辩证法的哲学前提才是列宁回到费尔巴哈的原因。当列宁阅读费尔巴哈的《宗教本质讲演录》时，他发现费尔巴哈确实还停留在强调自然基础的感性的直观唯物主义阶段。

　　列宁摘下了这几句话，以解读费尔巴哈落后于时代的重要原因："我们对政治唯心主义就像对哲学唯心主义一样感到腻味；现在我们要成为政治唯物主义者。"[1]如果说政治唯物主义重点是强调从社会发展的实际状况出发研究政治，那么费尔巴哈并没有错，但是他采取的是远离社会现实政治的逃避态度。列宁肯定费尔巴哈否定唯心主义的决心，指出费尔巴哈想"抛弃一切'虚妄的'观念"[2]，但并不赞成费尔巴哈的避世态度："费尔巴哈隐居乡村的原因：同'信神的世界'决裂"，"和'自然界'一起生活"[3]。什么是最真实的东西，在费尔巴哈看来，那就是自然界，哲学要指向真实就得把自然界作为观察的第一对象，离开这个对象就容易走入唯心主义，所以在费尔巴哈的文本中，我们看到更多的是以自然界代替存在，而很少看到存在决定思维等类似的表述。费尔巴哈把人类接触世界所得到的属性即感性作为世界真实性的判断标准，强调指出："在我看来，感性是指'物质东西和精神东西的真实的、非臆想和人造的、而是实际存在的统一，因此，在我看来，它如同

---

① 《列宁全集》第55卷，人民出版社2017年版，第38页。
② 《列宁全集》第55卷，人民出版社2017年版，第38页。
③ 《列宁全集》第55卷，人民出版社2017年版，第38页。

现实一样'。"①所以，在费尔巴哈的哲学思想中，感性指的就是感性认识，它不仅包含客观事物的性质，还包含主体属性，感性的可靠性来自我们感官对自然界的感受性。也就是说，费尔巴哈为了强调其哲学思想的真实性，让自己的哲学思想被束缚在感性层面，而远没有达到列宁在《唯物主义和经验批判主义》中所达到的关于认识论的理解水平。

有趣的是，费尔巴哈还以《基督教的本质》中的哲学思想反驳反对他的人，强调自己并没有把人神化，人并非不依赖任何东西就可以存在，人的存在依赖先于自己的自然界。费尔巴哈的辩解针对谁？读一读《德意志意识形态》和《路德维希·费尔巴哈与德国古典哲学的终结》便可以知道，马克思、恩格斯恰恰是在批判费尔巴哈拘泥于自然界视域的直观唯物主义的基础上实现思想上的不断超越的。费尔巴哈强调："自然界这一没有意识的存在物是永恒的、没有起源的存在物，是第一存在物。"②在此，费尔巴哈还特别强调，他讲的第一存在物指时间上在先，而不是指逻辑上在先，这与他对自然界给出的定义是一致的：自然界是没有意识的永恒存在物。他想与思辨哲学思想区分开来。费尔巴哈指出："所谓思辨哲学家就是……这样一些哲学家，他们不是使自己的概念符合事物，相反地，是使事物符合自己的概念。"③从哲学研究的逻辑出发点看，费

---

① 《列宁全集》第 55 卷，人民出版社 2017 年版，第 38 页。
② 《列宁全集》第 55 卷，人民出版社 2017 年版，第 39 页。
③ 《列宁全集》第 55 卷，人民出版社 2017 年版，第 39 页。

尔巴哈是对的，因此，列宁加了边注"参看马克思和恩格斯"[1]。

列宁摘下了这一段："人所依赖的东西……就是自然界，即感觉的对象……自然界使人通过感觉产生的一切印象……都能成为宗教崇拜的动机。"[2]宗教产生于人的意识，而真实的意识来自对感性自然界的认识。费尔巴哈对宗教的理解过于简单，这种简单性来自他对感性自然界的界定。在费尔巴哈看来，自然界是原初的、第一的和最终的存在物，而感性的东西就等于第一的、自身存在的和真实的东西，在这里自然界与感性几乎可以等同起来。为了说明问题，费尔巴哈特意强调了一句话："感性的东西是第一的"，"这里所说的第一是指非派生的东西，依靠自身存在的和真实的东西"[3]。列宁在这个地方专门用省略号作为间隔摘下了一段话："……感觉的真实性和本质性（注意）是……哲学的……出发点……"[4]显然列宁在强调哲学出发点的真实性，但是他并不赞同费尔巴哈粗浅的感性唯物主义，这种唯物主义把感性等同于自然界，等同于唯物主义哲学基础。列宁认为，费尔巴哈回应了一些人说他没有给自然界作出定义的指责，所以摘引了费尔巴哈所作的一大段答复："我把自然界理解为一切感性的力量、事物和存在物的总和，人把这些东西当做非人的东西而和自己区别开来……或者说得实际点，不

---

[1]《列宁全集》第 55 卷，人民出版社 2017 年版，第 39 页。
[2]《列宁全集》第 55 卷，人民出版社 2017 年版，第 39 页。
[3]《列宁全集》第 55 卷，人民出版社 2017 年版，第 40 页。
[4]《列宁全集》第 55 卷，人民出版社 2017 年版，第 41 页。

管有神论信仰的超自然的暗示怎样，自然界对人来说就是作为人的生活的基础和对象而直接地感性地表现出来的一切。自然界是光、是电、是磁、是空气、是水、是火、是土、是动物、是植物、是人，我所理解的'自然界'仅此而已，它不是什么神秘的、模糊的和神学上的东西。"①列宁在这里加了评语："可见，自然界=超自然的东西以外的一切。费尔巴哈是杰出的，但不深刻。恩格斯更深刻地确定了唯物主义和唯心主义的区别。"②显然，列宁这里指的是恩格斯所写的《路德维希·费尔巴哈和德国古典哲学的终结》。在这个文本里，恩格斯以解答哲学基本问题的方式，巧妙地区分了唯物主义与唯心主义，区分了可知论与不可知论。

列宁还注意到一个非常重要的观点，那就是自然界是客观地存在于我们思想之外的，它不以人的意志为转移，自然界的事物相互作用，互为因果，人类可以从事物的相互作用中认识事物的特性。列宁在摘下费尔巴哈的几个段落之后，作出点评："在我们之外的存在=不以思维为转移""在物质之外、不以物质为转移的自然界=上帝"③。前半句点评强调的是自然界对人类来说的客观外在性，而后半句点评强调的是费尔巴哈得出的关于上帝的本质是自然界在人们意识中的主观设定或异化的观点。更加重要的是，列宁从物质的相互作用中看到了自然界的

---

① 《列宁全集》第 55 卷，人民出版社 2017 年版，第 41—42 页。
② 《列宁全集》第 55 卷，人民出版社 2017 年版，第 41—42 页。
③ 《列宁全集》第 55 卷，人民出版社 2017 年版，第 44 页。

必然性，费尔巴哈对这种必然性是这样描述的："人所说的和所理解的自然界的合目的性，实际上不是别的，正是世界的统一性、因果的和谐一致、自然界万物存在并作用于其中的一般联系。"[1]列宁在多个地方标注了"自然界的必然性"[2]，他想强调的是费尔巴哈已经注意到人类活动必须遵守客观的自然界的事物运动规律。列宁摘下了费尔巴哈的这样一句话："……人的生存所遵守的一切规律或自然界的必然性……"[3]右边加了批注"注意"，这表明了列宁对自然必然性的强调。同时，列宁又以此为基础肯定了费尔巴哈关于上帝与世界秩序的颠倒关系："使自然界依赖于上帝，也就是使世界秩序，使自然界的必然性依赖于意志。"[4]列宁在此作出了重要点评："宗教给人以理想。人需要理想，但需要人的、与自然界相适应的理想，而不是超自然的理想：'我们的理想不应当是被阉割的、失去肉体的、抽象的东西，我们的理想应当是完整的、实在的、全面的、完美的、有教养的人。'"[5]列宁还顺便批评了米海洛夫斯基："米海洛夫斯基的理想只是对先进资产阶级民主派或革命资产阶级民主派的这种理想的庸俗的重复。"[6]也就是说，米海洛夫斯基的理想就是离开现实的抽象的人道主义。

---

① 《列宁全集》第 55 卷，人民出版社 2017 年版，第 46 页。
② 《列宁全集》第 55 卷，人民出版社 2017 年版，第 48 页。
③ 《列宁全集》第 55 卷，人民出版社 2017 年版，第 50 页。
④ 《列宁全集》第 55 卷，人民出版社 2017 年版，第 50 页。
⑤ 《列宁全集》第 55 卷，人民出版社 2017 年版，第 50 页。
⑥ 《列宁全集》第 55 卷，人民出版社 2017 年版，第 50 页。

在《宗教本质讲演录》摘要的最后部分，列宁摘下了几段非常重要的话，可以说明费尔巴哈在写作这个文本时的理论水平。首先，列宁肯定了费尔巴哈对宗教秘密的理解的正确性："宗教的秘密是'主观的东西和客观的东西的同一'，也就是人的本质和自然界本质的统一，但这种本质区别于现实的自然界本质和人类本质。""人的无知是无底的，人的想象力是无界限的；由于无知而失去其根据和由于幻想而失去其界限的自然界的威力，就是上帝的万能。""作为主观本质的客观本质，作为同自然界有区别的本质、作为人的本质的自然界本质，作为同人有区别的本质、作为非人的本质的人的本质，——这就是神的本质，这就是宗教的本质，这就是神秘主义和思辨的秘密……"①列宁在这些段落的左侧点评了两个"很好！"，还有"精彩之处！""注意：非常正确！注意"②。这里还有一句话是列宁点评的，也非常重要："费尔巴哈所说的思辨=唯心主义哲学。注意。"③这句话对于我们解读列宁的《哲学笔记》、读懂黑格尔的逻辑学都具有重要的指引作用。其次，列宁摘下了费尔巴哈的一句话，这句话表明费尔巴哈用"自然界"代替"存在"④。列宁对此作出点评："就是说，不是用抽象，

---

① 《列宁全集》第 55 卷，人民出版社 2017 年版，第 54 页。
② 《列宁全集》第 55 卷，人民出版社 2017 年版，第 54 页。
③ 《列宁全集》第 55 卷，人民出版社 2017 年版，第 54 页。
④ 《列宁全集》第 55 卷，人民出版社 2017 年版，第 58 页。

而是用具体的东西——用戏剧心理来代替。"①列宁的意思是说，这恰恰暴露了费尔巴哈哲学思想的弱点，他还没有办法在辩证唯物主义的理论层面把存在与思维、物质与精神的辩证关系说明白，只好停留在狭隘的感性的直观唯物主义这个理论层面上，同时在历史观方面也仅仅停留在抽象的人道主义思想水平上。列宁点评道："这就是为什么费尔巴哈和车尔尼雪夫斯基所用的术语——哲学中的'人本主义原则'——是狭隘的。无论是人本主义原则，还是自然主义，都只是关于唯物主义的不确切的、肤浅的表述。"②从当时马克思主义创始人马克思、恩格斯与费尔巴哈的哲学思想的比较来看，列宁的这个点评是中肯的。

三、从莱布尼茨走向物质运动考察

在关于费尔巴哈的《对莱布尼茨哲学的叙述、阐发和批判》摘要中，列宁借助莱布尼茨的哲学思想分析了物质运动的辩证法。列宁很清楚，莱布尼茨和此时的费尔巴哈都是唯心主义者，因此重点并没有过多地放在唯物主义与唯心主义的区分上，而是直面物质的内在运动及其辩证特征上，尝试对辩证法作出初始性分析。

列宁一开始就告诉我们，在撰写《对莱布尼茨哲学的叙述、

---

①《列宁全集》第 55 卷，人民出版社 2017 年版，第 58 页。
②《列宁全集》第 55 卷，人民出版社 2017 年版，第 58 页。

阐发和批判》时期，费尔巴哈还是一个唯心主义者。而且，列宁还告诉了我们他的阅读兴趣点，"莱布尼茨给实体的概念增添了力的概念，'而且是活动力'的概念……'自己活动'的原则"①。这里的"'自己活动'的原则"，是列宁在解读黑格尔的《逻辑学》时一再强调的观点，在事物运动的过程中找到认识事物的原则是列宁肯定黑格尔哲学思想最重要的方面之一。列宁还专门画了一个框框对此作出点评："因此，莱布尼茨通过神学而接近于物质和运动的不可分割的（并且是普遍的、绝对的）联系的原则。"②这里既关系对事物运动特性的界说，又关系关于事物运动内在动力的哲学说明，是唯物主义辩证法的逻辑起点。列宁通过费尔巴哈的转述，认识到莱布尼茨哲学思想超越笛卡儿哲学思想的方面："在莱布尼茨看来，有形体的实体已经不再像笛卡儿所认为的那样，只是具有广延性的、僵死的、由外力推动的质体，而是在自身中具有活动力、具有永不静止的活动原则的实体。"③所以，列宁想到了马克思的相关观点，并作出判断："大概马克思就是因为这一点而重视莱布尼茨，虽然莱布尼茨在政治上和宗教上有'拉萨尔的'特点和调和的趋向。"④这里的重点还是事物与运动的统一性的观点，从认识论的角度看，就是从事物本身理解事物运动的方

① 《列宁全集》第 55 卷，人民出版社 2017 年版，第 60 页。
② 《列宁全集》第 55 卷，人民出版社 2017 年版，第 60 页。
③ 《列宁全集》第 55 卷，人民出版社 2017 年版，第 61 页。
④ 《列宁全集》第 55 卷，人民出版社 2017 年版，第 61 页。

法与观点。因此，列宁是把事物运动与对事物运动的认识放在一起点评的："单子是莱布尼茨哲学的原则。个体性、运动、（特种的）灵魂。不是僵死的原子，而是活生生的、活动的、在自身中反映整个世界的、具有（模糊的）表象能力的单子（特种灵魂），这就是'最终的要素'。"[①]

莱布尼茨单子论给列宁留下了非常深刻的印象，列宁还发现单子论中包含着关于整体与部分的关系辩证法。在莱布尼茨的哲学思想中，每一物体都被宇宙中发生的一切所牵动，"单子呈现着整个宇宙"，"个体性包含着似乎处在萌芽状态的无限的东西"[②]。列宁强调："这里有一种辩证法，而且是非常深刻的辩证法，尽管有唯心主义和僧侣主义。"[③]在这里，列宁画了一个向右折的箭头，摘下了一段关于"对立面"这一辩证法内核的基本观点："总之，自然界中没有任何绝对间断的东西；一切对立面，一切时空界限和独特性的界限，在绝对的非间断性、宇宙的无限联系面前都消失了。"[④]莱布尼茨把单子的特殊性与宇宙的无限普遍性相联系，这是他不同于康德的地方。列宁在左侧加了一个点评，"莱布尼茨和康德：必然性和普遍性是不可分割的"[⑤]。列宁在肯定莱布尼茨把知识的

---

① 《列宁全集》第 55 卷，人民出版社 2017 年版，第 61 页。
② 《列宁全集》第 55 卷，人民出版社 2017 年版，第 63 页。
③ 《列宁全集》第 55 卷，人民出版社 2017 年版，第 63 页。
④ 《列宁全集》第 55 卷，人民出版社 2017 年版，第 63—64 页。
⑤ 《列宁全集》第 55 卷，人民出版社 2017 年版，第 66 页。

必然性与普遍性统一起来的做法的同时，批判了康德把知识的必然性和普遍性分割开来的做法。列宁这里没有专门去批判康德的先天综合判断，根本原因是他很清楚马克思、恩格斯甚至费尔巴哈都已经超越了康德的先天综合判断。

第四章 黑格尔唯心主义的批判性分析

《哲学笔记》的核心部分是列宁对黑格尔的《逻辑学》的批判性分析，而黑格尔的《逻辑学》当中包含着关于辩证法和认识论的丰富内容。列宁站在辩证唯物主义和历史唯物主义基本立场上，批判了黑格尔的唯心主义观点，同时在辩证法和认识论领域获得了重要的理论启发。

一、读懂黑格尔的《逻辑学》需要唯物主义立场

在黑格尔的唯心主义哲学视域中，概念演绎、认知过程与辩证运动是统一的。列宁阅读文本的重点是批判唯心主义体系，建构起能够阐释事物自身运动的哲学体系。

在阅读黑格尔的《逻辑学》第 1 版序言中，列宁已经看到逻辑学与认识论的统一性，这个话题首先是从什么是逻辑学这一界定开始的。黑格尔在存在论中批评一种错误的观点，这种观点认为逻辑学是教人思维的学问。黑格尔指出，这种观点是一种偏见。对黑格尔的这个观点，列宁点评"说得妙"①。黑

---

① 《列宁全集》第 55 卷，人民出版社 2017 年版，第 72 页。

格尔认为，逻辑学是一种科学，而且它的方法不应该是以数学等为基础，这里批判的实际上是康德等人以数学假设作为基础的哲学思想。更为重要的是黑格尔强调，逻辑学只能在科学认识过程中进行建构，而这个过程本身是由事物运动的内容及其自身反思所决定的。列宁对此加了点评："科学认识的运动——这就是实质。"[1]在列宁的理论视域中，逻辑学的演绎过程就是科学认识过程，其内容是事物本身的运动及其反思。黑格尔的逻辑学是在思辨哲学否定之否定的框架中建构的，从知性作出规定，到理性的辩证否定，再到知性和理性的统一，实现了思辨的否定之否定的过程，由此使哲学成为客观的和论证的科学。抛开黑格尔的思辨哲学唯心主义体系，列宁看到了由事物运动过程本身的反思走向关于事物运动的客观性认知的可能性："'自己构成自己的道路'=真正认识的、不断认识的、从不知到知的运动的道路（据我看来，这就是关键所在）。"[2]列宁对黑格尔唯心主义立场的批判是彻底的，因此当看到黑格尔强调意识的运动以逻辑学纯本质的规定性为基础时，马上指出其观点的唯心主义倾向，并主张把黑格尔的观点颠倒过来。列宁指出，"倒过来：逻辑和认识论应当从'全部自然生活和精神生活的发展'中引申出来"[3]。

在阅读第 2 版序言的过程中，列宁赞同黑格尔关于哲学应

---

①《列宁全集》第 55 卷，人民出版社 2017 年版，第 73 页。
②《列宁全集》第 55 卷，人民出版社 2017 年版，第 73 页。
③《列宁全集》第 55 卷，人民出版社 2017 年版，第 73 页。

当从自身的内在活动去加以描述的观点，并强调指出："需要的不是没有生命的骨骼，而是活的生命。"①那么这些活的生命源自哪里呢？列宁通过对黑格尔范畴的理解实现了对客观主义更深入的理解。在黑格尔看来，逻辑范畴是外部存在和活动无数细节的简化或概括，这些范畴通过创造和交流为人们服务。列宁指出，简单地说，逻辑范畴是为我们服务的，更为重要的是这些范畴贯穿于我们对事物及其运动的经验性认识，范畴本身代表着一般规定性。显然，如此这般理解的范畴，就不是主观的抽象，而是事物运动及其反思的统一性，这叫客观主义。所以列宁用方括号作出强调，"客观主义：思维的范畴不是人的工具，而是自然的和人的规律性的表述"②。因此，从客观主义来看，人的主观思维与事物本身的客观概念不是一回事。同时，这里所描述的逻辑学的客观主义，与列宁后来所阐释的达到对事物总体性观察的客观性，具有本质上的一致性，但是从列宁哲学思想的演进看，这是一个复杂的理论发展过程。

　　在这个序言中，黑格尔批评了康德的知识论范式，指出康德的错误在于把思维置于主体与事物之间，并使主体与事物隔离开来。列宁赞同黑格尔的这个观点："在我看来，论据的要点如下：（1）在康德那里，认识把自然界和人隔开（分开）；而事实上认识是把二者结合起来；（2）在康德那里，自在之物

---

① 《列宁全集》第 55 卷，人民出版社 2017 年版，第 74 页。
② 《列宁全集》第 55 卷，人民出版社 2017 年版，第 75 页。

的'空洞抽象'代替了我们关于事物的知识的日益深入的活生生的进展、运动。"①列宁结合唯物主义的观点,进一步总结道:"康德的自在之物是空洞抽象,而黑格尔要求的是和实质相符合的抽象:'事物的客观概念构成事物的实质本身',——按照唯物主义的说法,就是和我们对世界的认识的实际深化相符合的抽象。"②

由此,列宁认为,黑格尔视野中的逻辑形式是富有内容的形式,是具有活生生的实在的内容的形式,是和内容不可分离地联系着的形式。从点评看,列宁对逻辑学有了更进一步的理解,因此,他指出:"逻辑不是关于思维的外在形式的学说,而是关于'一切物质的、自然的和精神的事物'的发展规律的学说,即关于世界的全部具体内容的以及对它的认识的发展规律的学说,即对世界的认识的历史的总计、总和、结论。"③这段话包含着逻辑学、认识论与事物运动辩证过程相统一的思想,但在这里列宁还没有明确提出逻辑学、认识论和辩证法的"三同一"思想。

在这里,列宁对黑格尔所解释的范畴进行了重点分析,他指出:"在人面前是自然现象之网。本能的人,即野蛮人,没有把自己同自然界区分开来。自觉的人则区分开来了,范畴是区分过程中的梯级,即认识世界的过程中的梯级,是帮助我们

---

① 《列宁全集》第 55 卷,人民出版社 2017 年版,第 76 页。
② 《列宁全集》第 55 卷,人民出版社 2017 年版,第 76 页。
③ 《列宁全集》第 55 卷,人民出版社 2017 年版,第 77 页。

认识和掌握自然现象之网的网上纽结。"①这些纽结不是抽象的与事物运动本身没有关系的逻辑形式，而是包含着事物运动作为其内容的范畴。因此，列宁指出："'随着这样地把内容引入逻辑的考察'，成为对象的就不是事物，而是事物的实质，事物的概念。按照唯物主义的说法，不是事物，而是事物运动的规律。"②这样的范畴，即古希腊哲学所表达的逻各斯，也就是存在着的东西的理性、事物运动的规律。列宁指出，这样的范畴，是从最简单的基本的东西中抽象引申出来的，其内涵包含着认识论发展的全部可能性。

列宁强调指出，逻辑学是基于各学科具体内容即特殊而不断推进的具有普遍性的本质，逻辑学通过研究各门科学而达到具有丰富内容的普遍性本质。因此，逻辑学体现为世界表象的丰富性本质，体现为精神世界和物质世界的内在本性，不只是抽象的普遍，而是自身还包含着特殊东西的丰富性的普遍。列宁由此指出："'……不是抽象的、僵死的、不动的，而是具体的……'（很有特色！辩证法的精神和实质！）"③

《逻辑学》"存在论"篇开篇的摘要所讨论的是"科学应当以什么为开端？"④很有意思的是，黑格尔在"存在论"篇，一开始就提及了"认识的本性"，列宁注意到了这一点。这也

---

① 《列宁全集》第 55 卷，人民出版社 2017 年版，第 78 页。
② 《列宁全集》第 55 卷，人民出版社 2017 年版，第 78 页。
③ 《列宁全集》第 55 卷，人民出版社 2017 年版，第 84 页。
④ 《列宁全集》第 55 卷，人民出版社 2017 年版，第 85 页。

表明，列宁从马克思主义认识论主题回到逻辑学时，对黑格尔的逻辑学产生了极大兴趣。关于"认识的本性"，列宁评论道："逻辑的主题。和现今的'认识论'比较。"①对于哲学史来说，黑格尔的逻辑学虽然是在批判康德知识论范式的基础上产生的，但是列宁更熟悉的是马克思主义的认识论，所以列宁在认识论前加了"现今"两字作为时间限定。列宁是彻底的唯物主义者，因此，当黑格尔谈到天、自然界和精神都包含着直接性和间接性的时候，列宁作出了辩证的批评，否定了黑格尔所说的"天"。列宁指出："（1）天——自然界——精神。打倒天：唯物主义。"②在唯物主义视域中，不存在什么"天"，现实存在的只有客观世界和主观世界，而客观世界包含着自然界和人类社会，主观世界就是精神领域，因此，所谓"天"，仅是一种意识的抽象，必然被唯物主义所批判。列宁赞同的是黑格尔关于逻辑学或认识论包含着直接性和间接性的统一的观点。所以，列宁点评道："（2）一切 vermittelt=都是经过中介，连成一体，通过过渡而联系的。打倒天——整个世界（过程）的有规律的联系。"③即打倒抽象的"天"之后，留下的是对逻辑学的科学设定:关于整个世界及其过程的规律性联系的认知。通过这些分析，列宁对黑格尔关于逻辑学的言说有了自己的见解:把逻辑说成是纯科学，这是荒谬的;把逻辑说成是全面发

①《列宁全集》第 55 卷，人民出版社 2017 年版，第 85 页。
②《列宁全集》第 55 卷，人民出版社 2017 年版，第 85 页。
③《列宁全集》第 55 卷，人民出版社 2017 年版，第 85 页。

展的纯知识，这是天才！

　　在黑格尔的逻辑学阐释中，纯存在是不以任何东西为前提的，它是不包含任何内容也不以任何东西为中介的存在。简单地说，纯存在是没有任何规定性的存在，也就是无，无的实质是没有规定性的。黑格尔认为，认识的前进不会停留在纯存在，而必然地从事物及其内容自身获得规定性，即通过变易使纯存在走向定在，即包含着规定性的存在。列宁认为，黑格尔从纯存在到无，再到变易和定在的纯概念演绎，是"关于绝对的呓语"，接着谈到了自己当时的心理活动："我总是竭力用唯物主义观点来阅读黑格尔：黑格尔是倒置过来的唯物主义（恩格斯的说法）——就是说，我大抵抛弃上帝、绝对、纯观念等等。"①其实这是唯物主义者解读黑格尔逻辑学的正常反应，就如列宁加括号所指出的，恩格斯早就告诉我们，黑格尔哲学思想是包裹在唯心主义体系当中的，其中的辩证法需要从以头立地"颠倒"为以足立地。

　　列宁坚决批判黑格尔哲学思想的唯心主义错误，因此他一再强调黑格尔讨论的范畴之间的纯逻辑转化令人"非常费解"②，是"高深莫测"③的。但是这并不影响列宁强调观念对现实的反作用，当看到黑格尔讲观念向实在性转化的观点时，他做了大段摘要。列宁认为，关于观念向实在性转化的观点很

---

①《列宁全集》第55卷，人民出版社2017年版，第86页。
②《列宁全集》第55卷，人民出版社2017年版，第96页。
③《列宁全集》第55卷，人民出版社2017年版，第96页。

重要，不承认观念的现实反作用，那就是庸俗的唯物主义。列宁指出："关于观念的东西转化为实在的东西，这个思想是深刻的：对于历史很重要。并且从个人生活中也可以看到，那里有许多真理。反对庸俗唯物主义。注意。观念的东西同物质的东西的区别也不是无条件的、不是过分的。"①从当时俄国革命的现实语境看，列宁想从哲学层面论证革命理论对革命实践具有重要指导作用的观点。

二、认识活动要深入"内部联系的物质运动"

列宁阅读到《逻辑学》第4卷的客观逻辑的本质论时，把关注重点放在了认识的客观性上，这种客观性不是指物质世界的对象的客观属性，而是指认识过程中主观形式与事物运动本身的统一性。列宁摘下了黑格尔关于人的认识以存在的直接东西为基础但不会停留在直接性领域的论述上，强调人的认识要把握事物的本质并达到真理的观点。列宁指出："'存在的真理是本质。'这是第一句话，它听起来是彻头彻尾唯心主义的，是神秘主义的。但是，紧接着可以说是吹来一阵清风。'存在是直接的东西。因为知识要认识真理的东西，即什么是自在的和自为的存在，所以它不停留〈注意：不停留〉于直接的东西及其各种规定，却透过〈注意〉直接的东西深入〈注意〉进去，

---

① 《列宁全集》第55卷，人民出版社2017年版，第97页。

假定在这个存在的背后还有着同存在本身不一样的东西，假定这个背后的东西构成存在的真理。这种认识是一种间接的知识，因为它不是直接在本质那里，在本质之中，而是从他物、从存在开始的，并且要通过一条先行的路，即超出存在之外或者更确切地说进入存在之内的路……'"①列宁在这段话右边写了一个加了引号的"路"字，他强调认识之路，这条路通过人类认知达到事物的客观性（即对事物总体性的认识），强调黑格尔的真理认识之路具有重要的"客观的意义"②。列宁指出："这一运动、知识之路，似乎是'外在于存在的''认识活动'。'但是这个进程是存在本身的运动。'"③

在黑格尔的逻辑演绎中，本质之所以是本质，是由于存在本身的无限运动，这种运动是由精神所驱动的。在范畴序列中，本质位于存在和概念的中间，是向概念的过渡，走向本质的过程体现为外观、现象、现实三个环节的不断过渡。列宁关注的是怎么从外观走向现实同时保留认识的客观性，他认定一条基本的认识论原则即从现象到本质的基本原则。所以，列宁在看到黑格尔论述从外观（非本质）走向本质的认识过程时写下一段话，强调从现象到本质的认识路径："就是说，非本质的东西，外观的东西，表面的东西常常消失，不像'本质'那样'扎实'，那样'稳固'。比如：河水的流动就是泡沫在上面，深

①《列宁全集》第 55 卷，人民出版社 2017 年版，第 106—107 页。
②《列宁全集》第 55 卷，人民出版社 2017 年版，第 107 页。
③《列宁全集》第 55 卷，人民出版社 2017 年版，第 107 页。

流在下面。然而就连泡沫也是本质的表现！"①虽然黑格尔关于外观的论述极其费解，但列宁还是想看到在黑格尔那里是如何从外观过渡到下一个环节的。黑格尔说，外观包含着两个环节，一个是虚无性，但又是作为持续存在；另一个是存在，但又是作为瞬间存在，一种否定性。列宁点评说：外观是"（1）无、存在着的非存在的东西"，"（2）作为瞬间的存在"②。根据黑格尔的意思，外观的两个环节通过否定和反思过渡到本质的更高层次。列宁从唯物主义的立场出发强调，把外观看作本质在自身中的反映没有问题，但绝对不认可黑格尔所言从无（没有规定性）开始："不过'从无开始'，倒是没有的。总得从什么东西开始。"③

在黑格尔看来，在康德哲学中，反思通常总是在主观的意义上被理解为判断力的运动，判断力超出现存的直接的表象，给表象寻找普遍的规定，或者把普遍的规定同表象作比较。这种反思连知性反思都没有达到，因为知性反思已经把特殊和普遍作为自己的规定，而康德把直接的表象与普遍的东西分割开来，所以不可能达到知性反思。列宁对黑格尔的看法是赞同的，他表扬黑格尔把直接现存的东西与本质的反思辩证地结合起来的方法，而批判的实际是康德的纯粹理性批判视域中的基本观点。列宁指出："可见，黑格尔在这里也斥责了康德的主观主

①《列宁全集》第 55 卷，人民出版社 2017 年版，第 107 页。
②《列宁全集》第 55 卷，人民出版社 2017 年版，第 110 页。
③《列宁全集》第 55 卷，人民出版社 2017 年版，第 111 页。

义。这是值得注意的。黑格尔赞成外观、'直接现存的东西'的'客观意义'（可以这样说）"，"'现存的东西'这一术语黑格尔是常用的"，"较小的哲学家（康德，休谟及一切马赫主义者）在争论：用本质或者用直接现存的东西作为基础。黑格尔用以及代替了或者，并且说明这个'以及'的具体内容"①。

　　列宁指出："如果我没有弄错，那么黑格尔的这些推论中有许多神秘主义和空洞的学究气，可是基本的思想是天才的：万物之间的世界性的、全面的、活生生的联系，以及这种联系在人的概念中的反映——唯物地颠倒过来的黑格尔；这些概念还必须是经过琢磨的、整理过的、灵活的、能动的、相对的、相互联系的、在对立中统一的，这样才能把握世界。要继承黑格尔和马克思的事业，就应当辩证地探讨人类思想、科学和技术的历史。"②更为重要的是，列宁抓住了逻辑过程和概念过渡的统一性，而且直接把这个统一性关系用于理解《资本论》："而'纯逻辑的'探讨呢？这是相符合的。这必须相符合，就像《资本论》中的归纳和演绎一样。"③列宁把概念喻作水滴，形象地阐释了概念相对于各种规定性的总体性："一条河和河中的水滴。每一水滴的位置、它同其他水滴的关系；它同其他水滴的联系；它运动的方向；速度；运动的路线——直的、曲的、圆形的等等——向上、向下。运动的总和。概念是运动的各个

①《列宁全集》第 55 卷，人民出版社 2017 年版，第 111 页。
②《列宁全集》第 55 卷，人民出版社 2017 年版，第 122 页。
③《列宁全集》第 55 卷，人民出版社 2017 年版，第 122 页。

方面、各个水滴（＝'事物'）、各个'细流'等等的总计。按照黑格尔的逻辑学，世界的情景大致是这样的，——当然要除去上帝和绝对。"①看得出来，列宁这里说的概念的总计，也就是黑格尔精彩阐释的逻辑学，但是列宁强调，在肯定黑格尔的同时，一定要除去其唯心主义的成分。

在《逻辑学》"现象"篇的阅读中，列宁跟着黑格尔的思路批判了康德的先验唯心主义。列宁摘下黑格尔的几段话，意在批判康德先验唯心主义体系中的自在之物。首先，自在之物本来是有规定性的，它就是事物的本质的实存，那什么是实存呢？实存就是经过中介的存在。其次，康德先验唯心主义体系中的自在之物，是没有任何规定性的空洞的抽象，正因为它是没有任何规定性的抽象，所以它当然是不可知的。因此，在康德的先验唯心主义体系中，自在之物与外在于自在之物的反思之间本来就不存在内在关联，无关联性是被康德主观设定的，不可知论是康德哲学的宿命。列宁肯定黑格尔批判康德自在之物的观点，强调"实质=反对主观主义，反对自在之物同现象的割裂"②。

接下来的阅读，让列宁捕捉到一个非常重要的理论闪光点，即黑格尔所说的外观和实存的统一就是现象的规律："现象中的统一：'这种统一是现象的规律。因此，规律是经过显

---

① 《列宁全集》第 55 卷，人民出版社 2017 年版，第 122—123 页。
② 《列宁全集》第 55 卷，人民出版社 2017 年版，第 125 页。

现的东西中介的肯定的东西。'"①列宁还在左侧空白处标注了"（现象的）规律"几个字，然后点评道："这里都是极其费解的。但是，具有活力的思想看来是有的：规律的概念是人对于世界过程的统一和联系、相互依赖和总体性的认识的一个阶段。黑格尔在这里热衷于对词和概念的'加工琢磨'和'穿凿雕镂'，这是反对把规律的概念绝对化、简单化、偶像化。现代物理学应该注意这一点！！！"②在这里，列宁把规律概括为人对于世界过程的统一和联系、相互依赖和总体性的认识，而且注意到黑格尔提醒我们规律仅仅是对现象的静止的反映，因此规律仅仅是对现象某些规定性的静止的反映，是人们认识过程的一个环节，不能被绝对化。列宁还对此作出了精准的点评："注意：规律是现象中持久的（保存着的）东西（规律——现象中同一的东西）""注意：规律=现象的静止的反映"③。

为了更进一步的理解，列宁摘下了黑格尔对真理与现象的关系加以说明的一段话："规律不是在现象的彼岸，而是直接就在现象之中；规律的王国是现存世界或现象世界的静止的反映……"④并作出了点评："这是非常唯物主义的和非常确切的（从'静止的'这个词来看）规定。规律把握住静止的东西——因此，规律、任何规律都是狭隘的、不完全的、近似

---

①《列宁全集》第 55 卷，人民出版社 2017 年版，第 126 页。
②《列宁全集》第 55 卷，人民出版社 2017 年版，第 126 页。
③《列宁全集》第 55 卷，人民出版社 2017 年版，第 126 页。
④《列宁全集》第 55 卷，人民出版社 2017 年版，第 126—127 页。

的。"①也就是说，人们得到的关于事物的规律性认识是整个认识过程的一个环节，是不全面的、狭隘的、近似的，需要不断深化。同时，列宁还得出结论："规律和本质是表示人对现象、对世界等等的认识深化的同一类的（同一序列的）概念，或者说得更确切些，是同等程度的概念。"②列宁从三个方面对此加以点评：第一，"规律是宇宙运动中本质的东西的反映"；第二，相对于现象作为"整体、总体"，"规律=部分"；第三，现象包含着规律，规律是现象自己运动着的诸多形式和环节中的一个，因此，"现象比规律丰富"③。

那么规律的内容又是什么呢？黑格尔指出："规律就是本质的关系。"④列宁看到黑格尔对规律的关系规定性说明后，马上作出点评："规律就是关系。对于马赫主义者、其他不可知论者以及康德主义者等等，这点是要注意的，本质的关系或本质之间的关系。"⑤列宁之所以在这里提及马赫主义和康德主义等学派，根本原因是这些学派都停留在经验层面，从而否定了认识事物本质的可能性。如果规律仅仅是部分，那么怎样与整体相联系呢？列宁从黑格尔的著作中看到了规律作为现象的否定性方面，也看到了走向整体和总体的可能性。因此，列

---

① 《列宁全集》第 55 卷，人民出版社 2017 年版，第 127 页。
② 《列宁全集》第 55 卷，人民出版社 2017 年版，第 127 页。
③ 《列宁全集》第 55 卷，人民出版社 2017 年版，第 127 页。
④ 《列宁全集》第 55 卷，人民出版社 2017 年版，第 128 页。
⑤ 《列宁全集》第 55 卷，人民出版社 2017 年版，第 128 页。

宁被部分与整体的关系的话题所吸引是必然的。黑格尔在这里提出了"力",并把它作为推进规律走向总体并不断接近真理的动力。列宁点评:"向力的'过渡':'力是否定的统一,整体和部分的矛盾在这个统一中得到解决,力是这第一个关系的真理。'"①当然,在黑格尔唯心主义哲学体系中,"力"是被主观设定的,因此,列宁强调"必须从中剥出唯物主义辩证法"②。列宁总结说,首先,要批判唯心主义思辨,因为在黑格尔那里,"十分之九都是些外壳、皮屑"③,显然"外壳、皮屑"指的是唯心主义思辨。其次,要肯定黑格尔的理论贡献,"黑格尔无意中流露出的辩证法的标准:'在全部自然界的、科学的和精神的发展中'——这就是黑格尔主义的神秘外壳中所包含的深刻真理的内核!"④简单地说,判断是否为辩证法的标准是能否承认事物处于永恒的发展过程中,这显然是恩格斯在《路德维希·费尔巴哈和德国古典哲学的终结》中重点阐述的马克思主义的观点。

到了"现实"篇,列宁关注的重点是现实的必然性问题,围绕的主题还是辩证法的总体性和过渡性,对应的是教科书里的普遍联系和永恒发展观。但是,值得注意的是,我们一般谈的普遍联系是事物本身的普遍联系、事物内部各要素的普遍联

①《列宁全集》第 55 卷,人民出版社 2017 年版,第 129 页。
②《列宁全集》第 55 卷,人民出版社 2017 年版,第 129 页。
③《列宁全集》第 55 卷,人民出版社 2017 年版,第 129 页。
④《列宁全集》第 55 卷,人民出版社 2017 年版,第 130 页。

系和事物间的普遍联系。而黑格尔这里的总体性指思维对事物各种规定性的总体性把握，区别在于两方面，一方面阅读黑格尔著作必须把唯心主义的东西颠倒过来，另一方面在理解总体性的时候必须注意，普遍联系也是事物规定性的一个方面，而不是全部，如事物还有形状、颜色等规定性。为什么要注意这一点呢？是因为我们已经习惯把普遍联系直接等同于总体性和整体性，而这实际上并不全面。比如，接下来列宁摘下了黑格尔关于因果性仅仅为规定性之一的说明。更为重要的是，总体性还是包括各种规定性相互过渡的过程性。列宁摘下了黑格尔关于总体性的一句话，并作出了点评。黑格尔强调："一种哲学原理的片面性通常都是跟相反的片面性对立起来，并且历来总体至少是作为一种分散的完整性出现的。"[1]列宁对此点评道："通常：从一个极端到另一个极端""总体=（作为）分散的完整性"[2]。从列宁的点评看，事物的普遍联系和永恒发展等特征就快要被分析出来了。

黑格尔在《逻辑学》中指出，现实是本质和实存的统一，现实、可能性和必然性构成走向绝对运动的重要环节。因此，现实高于存在并高于实存。为什么呢？列宁作出了摘要和说明：存在是直接的，存在需要过渡到另一方；实存会过渡到现象，实存来自根据、条件，但是在实存中还没有实现"反思和直接

---

① 《列宁全集》第 55 卷，人民出版社 2017 年版，第 131 页。
② 《列宁全集》第 55 卷，人民出版社 2017 年版，第 131 页。

性"的统一；现实是实存和自在存在（离开了规定性而坚持自身的存在）的统一。列宁感兴趣的是，怎么理解现实与必然性的关系？关于这个问题，恩格斯在《路德维希·费尔巴哈和德国古典哲学的终结》中作出过解答。但这一次是由黑格尔引出的话题，列宁想更深入地加以理解。在谈到必然性时，黑格尔说，实在的必然性是内容丰富的关系，绝对的必然性就是真理，而事物的可能与否取决于现实诸环节的总体，也就是说现实在呈现总体的过程中表现为必然性。列宁在此处摘下了恩格斯在自己的文本中也引用过的黑格尔的表述："现实在展开中表现为必然性。"①而实际上，黑格尔是从唯心主义的目的论角度说的，翻译为唯物主义的话语，应该是掌握事物总体规定性的过程就体现了人们的认知由必然性走向真理的过程。列宁指出："'现实的诸环节的总体、总和，现实在展开中表现为必然性。'现实的诸环节的全部总和的展开（注意）=辩证认识的本质。"②这里包含着列宁辩证法思想的精髓：诸环节的全部总和相当于普遍联系，诸环节全部总和的展开相当于发展过程。为什么说是"相当于"？因为诸环节的全部总和比普遍联系的内容要多，事物还有其他规定性，即黑格尔强调的颜色、形状等；同时因为这里讲的诸环节的全部总和的展开，是规定性的总体性展开，而不单单是对事物否定之否定的发展形态的理解。

---

① 《列宁全集》第 55 卷，人民出版社 2017 年版，第 132 页。
② 《列宁全集》第 55 卷，人民出版社 2017 年版，第 132 页。

　　列宁在黑格尔提出的"进一步更确切地识别自然界的内部谐和及规律性"这句话后面加以点评："接近于唯物主义。"[1]内部谐和指各种规定性的整体统一，而规律性指这种统一性内部规定性的更迭交替，也是必然性。规律性与必然性是同一层次的范畴，都包含着对事物规定性总体的、更迭交替的认识。列宁摘下了黑格尔一个非常重要的关于现实的判断："发展了的现实，作为内在的东西和外在的东西的合而为一的更迭交替，作为现实的各对立运动的、联合为一个运动的更迭交替，就是必然性。"[2]但这里需要对唯心主义话语进行"颠倒"，列宁引用了黑格尔所说的实体是观念发展过程中的一个重要阶段的观点，接着马上提醒我们："应读做：人类对自然界和物质的认识的发展过程中的一个重要阶段。"[3]而且强调指出："一方面，应该从对物质的认识深入到对实体的认识（概念），以便探求现象的原因。另一方面，真正地认识原因，就是使认识从现象的外在性深入到实体。应该用两类例子来说明这一点：（1）自然科学史中的例子，（2）哲学史中的例子。更确切些说：这里应该谈的不是'例子'——比较并不就是论证，——而是自然科学史和哲学史+技术史的精华。"[4]看得出来，列宁很重视自然科学史、哲学史和技术史，这就告诉我们，哲学规律来

---

[1]《列宁全集》第 55 卷，人民出版社 2017 年版，第 133 页。
[2]《列宁全集》第 55 卷，人民出版社 2017 年版，第 133 页。
[3]《列宁全集》第 55 卷，人民出版社 2017 年版，第 133 页。
[4]《列宁全集》第 55 卷，人民出版社 2017 年版，第 133—134 页。

自唯物主义实事求是的考察，而不是来自抽象的思辨。

列宁对因果关系是很重视的，引了很多黑格尔关于因果关系的论断，目的是强调总体性及其不断过渡和发展的规律，同时为后面阐释观察的客观性即走向关于关系的总和的认识论建构做准备。其实，在黑格尔的语境中，关于原因和结果的关系分析有两个层面。第一个层面，讲的是原因和结果的联结是多样的。同一事物在这一场合表现为原因，在另一场合表现为结果；在那里表现为特殊的持续存在，在这里表现为他物中的设定性或规定。第二个层面，讲的是原因和结果的关系或规定性仅仅是事物多重关系或规定性中的一种，事物还有其他 N 种关系或规定性。所以，列宁点评说："因此，原因和结果只是各种事件的世界性的相互依存、（普遍）联系和相互联结的环节，只是物质发展这一链条上的环节。"[①]在另一段点评中，列宁在点评框内加了一个"注重"，在点评框外还加了一个"注意"，以此强调："世界联系的全面性和包罗万象的性质，这个联系只是片面地、断续地、不完全地由因果性表现出来。"[②]接着，列宁又对联系的多样性进行了阐释："我们通常所理解的因果性，只是世界性联系的一个极小部分，然而（唯物主义补充说）这不是主观联系的一小部分，而是客观实在联系的一小部分。"[③]这句话强调的是世界性联系的多样性，因果关系仅为多样性联系

---

① 《列宁全集》第 55 卷，人民出版社 2017 年版，第 134 页。
② 《列宁全集》第 55 卷，人民出版社 2017 年版，第 134 页。
③ 《列宁全集》第 55 卷，人民出版社 2017 年版，第 135 页。

之一。列宁指出："'因果关系的运动'=实际上在不同的广度或深度上被捉摸到、被把握住内部联系的物质运动以及历史运动……"①这句话讲的是因果关系及其运动对于辩证认识的重要性，因果关系是规定性，因果关系的运动对应事物内部联系的物质运动，这里可以对接我们常讲的普遍联系与永恒发展关系。过去我们常把两者分开讲，实际上永恒发展讲的就是普遍联系本身的运动过程，这一点对于当下理解系统观念具有重要的启示作用。

在"现实"篇结尾部分，列宁加了很长的点评，重点是联系康德与黑格尔的哲学进行分析，强调普遍联系与相互过渡即发展的辩证法："当你读到黑格尔关于因果性的论述时，一开始会觉得很奇怪：为什么他对于康德主义者所喜爱的这个题目谈得比较少。为什么呢？那是因为在他看来，因果性只是普遍联系的规定之一，而他早已在自己的所有的阐述中深刻得多和全面得多地把握住了这种普遍联系，并且从一开头就一直强调这种联系、相互过渡等等。把新经验论（或'物理学唯心主义'）的'挣扎'同黑格尔解决问题的方法，更确切些说，同他的辩证方法加以比较，是极有教益的。"②这段话强调了普遍联系及其相互过渡，还强调了黑格尔的辩证方法。这里提到的是"辩证方法"，而不是"辩证法"，列宁以此强调的是在现实层面

①《列宁全集》第 55 卷，人民出版社 2017 年版，第 135 页。
②《列宁全集》第 55 卷，人民出版社 2017 年版，第 136—137 页。

讲辩证方法，对应的是他点评中的"解决问题的方法"，而不是黑格尔思辨体系的辩证法观念。也就是说，列宁已经在区别作为哲学方法论的辩证法与作为思想方法和工作方法的辩证方法。这一点对于我们理解世界观、方法论与实际工作中运用的思想方法、工作方法的不同层面具有重要指导意义。世界观和方法论可以转化为思想方法和工作方法，但不能混为一谈。

三、对黑格尔逻辑学基本要义的概括与总结

列宁在读到《逻辑学》"主观逻辑或概念论"的部分时，重点聚焦的是概念本身的运动。在此，他已经进入对黑格尔逻辑学从概念主观性到概念客观性的转化的整体反思。

黑格尔认为概念是存在和本质的统一，因此，考察存在和本质的客观逻辑，就是研究概念的发生学。因为康德认为思维的一般形式是无法认识自在之物的，实际上就是把概念当作空洞无物的抽象形式,这种概念并不包含事物的规定性及其反思。因此，在黑格尔看来，康德是主观主义的概念论者，这种概念无法达到事物的本质是必然的。列宁指出，"黑格尔进而对康德主义进行批评时，认为它的伟大功绩就是提出了关于'统觉的先验统一'（意识的统一，概念是在这个统一中形成的）的思想，但是他斥责康德的片面性和主观主义"[1]。当读到黑格尔

_____

[1]《列宁全集》第 55 卷，人民出版社 2017 年版，第 140 页。

说概念是自在自为的、构成既是自然的又是精神的阶段时，列宁点评说，这是"客观唯心主义转变为唯物主义的'前夜'"①。为什么这么说？因为，列宁看到，在黑格尔语境中，概念是包含着自然和精神的规定性、具有具体内容的抽象，而不是空洞的思辨抽象。

黑格尔对感性存在与概念的关系专门进行了讨论，他批判了人们把概念当作卑微的片面抽象来看的观点，这种观点把概念的抽象看作是丢掉了感性存在诸多材料和方面的主观性抽象。黑格尔认为，抽象思维不应当被看成与感性材料没有关系的思维，抽象思维倒不如说是对作为简单现象的实在性的扬弃，并把它归结为只在概念中显现的本质的东西。列宁对此给予了肯定性点评，他指出："实质上，黑格尔对康德的驳斥是完全正确的。思维从具体的东西上升到抽象的东西时，不是离开——如果它是正确的（注意）（而康德，像所有的哲学家一样，谈论正确的思维）——真理，而是接近真理。物质的抽象，自然规律的抽象，价值的抽象等等，一句话，一切科学的（正确的、郑重的、不是荒唐的）抽象，都更深刻、更正确、更完全地反映自然。从生动的直观到抽象的思维，并从抽象的思维到实践，这就是认识真理、认识客观实在的辩证途径。康德贬低知识，是为了给信仰开辟地盘；黑格尔推崇知识，硬说知识是关于上帝的知识。唯物主义者推崇关于物质、自然界的知识，把上帝和拥护上帝的哲学混蛋打发到阴沟里去。"①此处列宁所概括的关于认识的辩证过程，即马克思主义认识事物的途径：从生动的直观到抽象的思维，并从抽象的思维到实践，这就是认识真理、认识客观实在的辩证途径。再进一步，这里提到的"从生动的直观到抽象的思维"实质是逻辑学，而"认识真理、认识客观实在"实质是认识论，贯穿其中的"辩证途径"实质是辩证法，实际上讲的就是"三同一"思想，但列宁没有明说。在继续阅读黑格尔的《逻辑学》的过程中，列宁认为，如此理解抽象思维，就可以理解关于逻辑学和认识论是一致的基本观点了："按照这种理解，逻辑学是和认识论一致的。这就是极重要的问题。"②这是对"三同一"思想的初始表达，重点讨论的是逻辑学和认识论的同一性。

列宁把黑格尔所阐释的概念的辩证运动概括为："'概念'的辩证运动——开始从纯粹'形式的'概念——到判断，然后——到推理，——最后达到从概念的主观性向概念的客观性的转化。"③从概念到判断再到推理，这是概念的辩证运动。在"主观性"部分，列宁一上来就抓住了黑格尔哲学的重点。列宁点评说："看起来，对黑格尔来说，这里主要的也是把过渡指出来。从一定观点看来，在一定条件下，普遍是个别，个别是普遍。不仅是（1）一切概念和判断的联系、不可分割的联

---

①《列宁全集》第 55 卷，人民出版社 2017 年版，第 142—143 页。
②《列宁全集》第 55 卷，人民出版社 2017 年版，第 146 页。
③《列宁全集》第 55 卷，人民出版社 2017 年版，第 147 页。

系，而且是（2）一个东西向另一个东西的过渡，并且不仅是过渡，而且是（3）对立面的同一——这就是黑格尔的主要东西。然而这是穿过迷雾般的极端'费解的'叙述才'透露出来的'。从逻辑的一般概念和范畴的发展和运用的观点出发的思想史——这才是需要的东西！"①列宁的点评表明，他关注的是概念的辩证运动，虽然黑格尔的唯心主义话语有些费解，但是包含着很多重要的积极因素和意义，而沿着概念的辩证运动思路，列宁对黑格尔辩证法的理解也更加深入，对马克思的著作特别是《资本论》对辩证法的运用的理解也日益加深。

在阅读"主观性"部分时，列宁指出，黑格尔关于推理演进的三个环节（单一、特殊、普遍）的解释，即关于逻辑的"式"（单一、特殊、普遍）的过渡的阐释，是对事物最普通关系的描绘，这"令人想起马克思曾在第 1 章中模仿黑格尔"②。这里讲的马克思著作的第 1 章，指的是《资本论》的第 1 章，这一点从列宁的点评中就可以看出来，"要颠倒过来：马克思把黑格尔辩证法的合理形式运用于政治经济学"③。列宁想从这个角度阐释黑格尔逻辑学的真实意义，他指出："（抽象的）概念的形成及其运用，已经包含着关于世界客观联系的规律性的看法、见解、意识。把因果性从这个联系中分出来，是荒谬的。否定概念的客观性、否定个别和特殊之中的一般的

---

① 《列宁全集》第 55 卷，人民出版社 2017 年版，第 147—148 页。
② 《列宁全集》第 55 卷，人民出版社 2017 年版，第 148 页。
③ 《列宁全集》第 55 卷，人民出版社 2017 年版，第 149 页。

客观性，是不可能的。黑格尔探讨客观世界的运动在概念的运动中的反映，所以他比康德及其他人深刻得多。这一个商品和另一个商品交换的个别行为，作为一种简单的价值形式来说，其中已经以尚未展开的形式包含着资本主义的一切主要矛盾，——即使是最简单的概括，即使是概念（判断、推理等等）的最初的和最简单的形成，已经意味着人在认识世界的日益深刻的客观联系。在这里必须探求黑格尔逻辑学的真实的含义、意义和作用。要注意这点。"①列宁在这一段点评右侧加了一个"注意"——"注意：关于黑格尔逻辑学的真实意义的问题"②。

列宁对于黑格尔逻辑学的现实意义，是指向马克思的《资本论》的，进而列宁继续分析和揭示黑格尔逻辑学的现实意义，他把这种意义称为"要义"③。从前文列宁对黑格尔逻辑学接近事物普遍规定性意义看，这里的"要义"分析是延伸性的意义分析。从点评内容看，列宁标注了两个地方，共四则要义。

列宁在第一处标注的"要义二则"有两段话，第一段话是："1.普列汉诺夫对康德主义（以及一般不可知论）进行批判，从庸俗唯物主义的观点出发，多于从辩证唯物主义的观点出发，因为他只是肤浅地驳斥它们的议论，而不是纠正（像黑格尔纠正康德那样）这些议论，不是加深、概括、扩大它们，指出一

<hr>

① 《列宁全集》第 55 卷，人民出版社 2017 年版，第 149—150 页。
② 《列宁全集》第 55 卷，人民出版社 2017 年版，第 149 页。
③ 《列宁全集》第 55 卷，人民出版社 2017 年版，第 150 页。

切概念和任何概念的联系和过渡。"①这个要义说的是，黑格尔逻辑学告诉我们，应该从一切概念和任何概念的联系和过渡中阐释认识论的核心，即人们对事物联系和发展的能动反映，而不仅仅从前提层面指出康德不可知论的错误，也不单单指出唯物主义反映论所坚持的可知论，重点在于揭示主体如何通过逻辑的诸多环节不断接近普遍联系。

第二段话是："2. 马克思主义者们（在 20 世纪初）对康德主义者和休谟主义者进行批判，按照费尔巴哈的方式（和按照毕希纳的方式）多于按照黑格尔的方式。"②有意思的是，列宁把矛头直接指向了某些马克思主义者（包括普列汉诺夫），这些马克思主义者仅仅按照直观唯物主义者费尔巴哈的思路指出康德不可知论的错误，而没有按照黑格尔逻辑学的要求通过概念的复杂联系和过渡接近事物。

在指出"一切知识的相对性以及认识每前进一步所包含的绝对内容"③之后，列宁提出了第三个和第四个要义。

第三个要义："不钻研和不理解黑格尔的全部逻辑学，就不能完全理解马克思的《资本论》，特别是它的第 1 章。"④列宁通过这一段话，强调马克思的《资本论》第 1 章的写作就是按照黑格尔逻辑学的辩证法要求加以推进的，因此，如果

---

① 《列宁全集》第 55 卷，人民出版社 2017 年版，第 150 页。
② 《列宁全集》第 55 卷，人民出版社 2017 年版，第 150 页。
③ 《列宁全集》第 55 卷，人民出版社 2017 年版，第 151 页。
④ 《列宁全集》第 55 卷，人民出版社 2017 年版，第 151 页。

不读懂黑格尔的逻辑学，那么阅读马克思的《资本论》第 1 章就会非常困难。在这里，列宁大胆作出判断："因此，半个世纪以来，没有一个马克思主义者是理解马克思的！！"①

　　第四个要义指的是这一段话所蕴含的核心要义："类比推理（关于类比的推理）向必然推理的过渡，——归纳推理向类比推理的过渡，——从一般到个别的推理向从个别到一般的推理的过渡，——关于联系和过渡（联系也就是过渡）的阐述，这就是黑格尔的任务。黑格尔的确证明了：逻辑形式和逻辑规律不是空洞的外壳，而是客观世界的反映。确切些说，不是证明了，而是天才地猜测到了。"②列宁的意思是，黑格尔逻辑学所阐释的从个别到一般的推进对应着事物联系和过渡，翻译成唯物主义认识论的话语就是：逻辑形式和逻辑规律是人们对客观世界的能动反映。在这里，列宁实际上为我们提供了唯物主义的认识论范式：主体—概念—自然界，即主体人通过概念的抽象实现对自然界的认识。但必须指出的是，黑格尔自己并没有意识到这一点，而只是以唯心主义的形式天才地猜测到了这一点。进而，列宁把唯物主义认识论范式概括为一句话："极其深刻和聪明！逻辑规律是客观事物在人的主观意识中的反映。"③

①《列宁全集》第 55 卷，人民出版社 2017 年版，第 151 页。
②《列宁全集》第 55 卷，人民出版社 2017 年版，第 151 页。
③《列宁全集》第 55 卷，人民出版社 2017 年版，第 154 页。

第五章　逻辑学、认识论、辩证法"三同一"

"三同一"思想是列宁基于马克思主义哲学立场，在批判性解读黑格尔的《逻辑学》的过程中，不断概括提升出来的重要思想。在"三同一"思想构架中，逻辑学强调概念的转化与过渡，认识论强调由现象到本质的认知过程，辩证法强调认识过程与逻辑推进的基本规律。

一、唯心主义"三同一"思想的批判性反思

在阅读黑格尔的《逻辑学》"客观性"部分时，一上来列宁摘下了黑格尔关于客观性双重意义的论述："客观性的双重意义：'……客观性也出现双重意义——既有与独立概念相对立的东西的意义，又有自在自为地存在着的东西的意义……'"① 双重客观性的说明非常重要：第一重客观性指与概念相对的客观实在性，如具体的自然界，这是我们日常经常讲的客观性，也是经验论意义上的客观性。第二重客观性是从认知的意义上讲的，主体通过概念接近事物并达到对事物的认识，这种客观

---

① 《列宁全集》第55卷，人民出版社2017年版，第155页。

性不是指客体的客观存在特性，而是指主体通过概念对客体的接近，使我们的认识包含了客体的规定性。也就是说，双重客观性的两个层面：一是客体的客观存在特性；二是思维层面对客体规定性的真实反映，它是一种类似客体客观存在的特性客观性，特指认知中的真理性内涵。黑格尔在讨论客观性时，重点强调的是第二重客观性，他认为机械性和化学性是自然界的第一重客观性，人们通过概念去认知这种客观性，再以目的性的工具实践活动接近客体，就可以达到第二重客观性。而列宁把握住了核心内涵：机械性和化学性指向的是自然必然性，通过目的性实践活动把握这种自然必然性并改革自然界，我们就实现了对双重客观性的理解。

更为重要的是，列宁对黑格尔的做法提出了一个问题："为什么把'规律'列入'机械性'？"[1]其实，用马克思主义的唯物主义认识论作为参照就很好理解黑格尔的意图，即把握规律（机械性），按照规律办事，在理解规律的基础上理解和把握客体。列宁对通过认识规律接近客观总体性非常重视，所以加了一段点评："在这里，规律这个概念接近于下列的一些概念：'秩序'，同类性，必然性，客观总体性的'灵魂'，'自己运动的原则'。"[2]从这段话来看，在列宁这里，接近客观性就是接近规律，也就是接近客体本身、客体的总体性。

---

[1]《列宁全集》第55卷，人民出版社2017年版，第155页。
[2]《列宁全集》第55卷，人民出版社2017年版，第155页。

在这一部分，列宁直接给出了唯物主义辩证法的更为全面的理解，他把人的目的性活动加了进去，所以说列宁的唯物主义辩证法是实践的辩证法并不为过。列宁指出，"唯物主义辩证法：区分为机械规律和化学规律的外部世界、自然界的规律（这是非常重要的），是人的有目的的活动的基础。人在自己的实践活动中面向客观世界，以它为转移，以它来规定自己的活动。从这方面来看，从人的实践的（有目的的）活动方面来看，世界（自然界）的机械的（和化学的）因果性，似乎是外在的什么东西，似乎是次要的，似乎是隐蔽的"①。列宁这段话的意思是说，人的认识和实践的基础是自然界机械的和化学的因果性，这种基础看起来是主体及其活动之外的东西，但实际上是主体及其活动的重要条件。列宁在此区分了客观过程的两个形式，即自然界的机械的和化学的形式，以及人的有目的的实践活动。

列宁注意到黑格尔说了差不多同样的话，并把它摘了下来："目的通过手段和客观性相结合，并且在客观性中和自身相结合。"②还有一句话更接近人通过实践改造自然界的观点，列宁也摘了下来："人因自己的工具而具有支配外部自然界的力量，然而就自己的目的来说，他却服从自然界。"③在这段话的右侧，列宁作出了两个重要点评："黑格尔的历史唯

① 《列宁全集》第 55 卷，人民出版社 2017 年版，第 157—158 页。
② 《列宁全集》第 55 卷，人民出版社 2017 年版，第 159 页。
③ 《列宁全集》第 55 卷，人民出版社 2017 年版，第 159 页。

物主义的胚芽""黑格尔和历史唯物主义"①。但列宁又说，黑格尔的唯心主义是达不到真正的历史唯物主义的，所以他强调指出："历史唯物主义，是在黑格尔那里处于萌芽状态的天才思想——种子——的一种应用和发展。"②

　　在"客观性"部分的最后，列宁对黑格尔逻辑学的积极意义作出了进一步分析，他标注为"逻辑的范畴和人的实践"："黑格尔力求——有时甚至极力和竭尽全力——把人的有目的的活动纳入逻辑的范畴，说这种活动是'推理'，说主体（人）在'推理'的逻辑的'式'中起着某一'项'的作用等等，——这不只是牵强附会，不只是游戏。这里有非常深刻的、纯粹唯物主义的内容。要倒过来说：人的实践活动必须亿万次地使人的意识去重复不同的逻辑的式，以便这些式能够获得公理的意义。这点应注意。"③列宁认为，这里的积极意义在于黑格尔揭示了人的认识过程对真理的接近："精彩：黑格尔通过人的实践的、合目的性的活动，接近于作为概念和客体相一致的'观念'，接近于作为真理的观念。紧紧接近于下述这点：人以自己的实践证明自己的观念、概念、知识、科学的客观正确性。"④在这一段摘要的右侧，列宁加了总结性点评"从主观概念和主观

---

①《列宁全集》第 55 卷，人民出版社 2017 年版，第 159 页。
②《列宁全集》第 55 卷，人民出版社 2017 年版，第 160 页。
③《列宁全集》第 55 卷，人民出版社 2017 年版，第 160 页。
④《列宁全集》第 55 卷，人民出版社 2017 年版，第 161 页。

目的到客观真理"①。显然，在列宁看来，人通过实践活动这一中介不断接近客体，达到对客体的认识的观念层面，这是黑格尔逻辑学最重要的理论贡献。不能忽略的是这段话的后半句话，即实践活动还有证明认识正确与否的作用，列宁虽然没有提出实践是真理的标准这样明确的表述，但为后续解读黑格尔的《逻辑学》提供了重要线索。

在黑格尔眼中，观念是主观性和客观性的统一，是逻辑发展更高的环节。在"观念"篇一开始，列宁摘下了一句非常重要的话："观念是适合的概念、客观真理的东西或真理的东西本身。"②在列宁看来，黑格尔关于辩证法思想的历史贡献除了对其内涵的阐释，还有非常重要的逻辑与认识论一致的观点，如果把辩证法看作是逻辑与认识论的同一的内核，那么它们三者是同一的。列宁以黑格尔关于康德观念论的批判性分析为理论主线进行摘要，进一步阐明由观念到达对客体真理性认识的过程，并进而系统分析基于实践活动的逻辑学、认识论与辩证法的同一性问题。列宁点评道："总之，《逻辑学》第2部（《主观逻辑》）第3篇（《观念》）的导言（第5卷第236—243页）以及《哲学全书》中相应的各节（第213—215节）几乎就是关于辩证法的最好的阐述。也就在这里，可以说是极其天才地指明了逻辑和认识论的一致。"③

①《列宁全集》第55卷，人民出版社2017年版，第161页。
②《列宁全集》第55卷，人民出版社2017年版，第162页。
③《列宁全集》第55卷，人民出版社2017年版，第162页。

在康德那里，理性对于现象来说是超验的，它不是用来认知经验的，经验是靠知性概念来完成认知的，因此，理性概念是用来理解的，知性概念是用来知觉的。这并不符合主体认识的实际过程，其实知性概念已经参与到理性认识的过程中来，没有知性认知作为基础，理性认知是不可能的，即理性概念包含着知性内涵。列宁读到这里，指出："黑格尔反对康德""反对那意味着真理（客观的）和经验分离的超验的东西""很好！"[①]。列宁认为，对于康德来说，不仅知性概念对于理性来说是质的差异性，而且理性观念也是人的经验认知的彼岸。因此，列宁点评指出："黑格尔反对康德的'彼岸性'""概念和事物的一致不是主观的"[②]。

在接下来的阅读中，列宁作了重点摘要，因为这涉及主体、观念和认识对象的辩证关系，在相应的点评中，他突出了人的认识的过程性、主体达到正确认识的矛盾性和复杂性。列宁指出，"观念（应读做：人的认识）是概念和客观性（一般的东西）的符合（一致），这是第一。第二，观念是自为地存在着的（＝似乎是独立的）主观性（＝人）对有区别（与观念有区别）的客观性的关系……主观性是消灭这种区分（观念和客体的区分）的冲动。认识是（理智）为了使无机界受主体支配以及为了概括（在无机界的现象中认识一般）而沉入无机界中的过

---

① 《列宁全集》第 55 卷，人民出版社 2017 年版，第 162 页。
② 《列宁全集》第 55 卷，人民出版社 2017 年版，第 163 页。

程……思想和客体的一致是一个过程：思想（＝人）不应当设想真理是僵死的静止，是暗淡的（灰暗的）、没有冲动、没有运动的简单的图画（形象），就像精灵、数目或抽象的思想那样。观念也包含着极强烈的矛盾，静止（对于人的思维来说）就在于稳固和确定，人因此永远产生着（思想和客体的这种矛盾）和永远克服着这种矛盾……"①在阐述了以上观点后，列宁总结道："认识是思维对客体的永远的、无止境的接近。自然界在人的思想中的反映，要理解为不是'僵死的'，不是'抽象的'，不是没有运动的，不是没有矛盾的，而是处在运动的永恒过程中，处在矛盾的发生和解决的永恒过程中。"②

在黑格尔的逻辑学中，观念不仅仅是认识的观念，还包含着真和善的观念，真和善的观念是意志的观念。因此，黑格尔在谈到观念时，会提到认识的观念和意志的观念，意志的观念直接指向行动，于是认识的观念和意志的观念在有限认识和行动的过程中不断使抽象的普遍性成为总体性。简单地说，就如列宁所点评的："观念是人的认识和追求（欲望）……（暂时的、有限的、局限的）认识和行动的过程使抽象的概念成为完备的客观性。"③即人的认识的主观性把握联系的全面性，从而达到客观性，从而接近真理。

在理解黑格尔关于单个的直接性作为真理的不可或缺的

①《列宁全集》第 55 卷，人民出版社 2017 年版，第 165 页。
②《列宁全集》第 55 卷，人民出版社 2017 年版，第 165 页。
③《列宁全集》第 55 卷，人民出版社 2017 年版，第 165 页。

方面是多方面的观点时，列宁作出了几乎是复述黑格尔原话的点评："单个的存在（对象、现象等等）（仅仅）是观念（真理）的一个方面。真理还需要现实的其他方面，这些方面也只是表现为独立的和单个的（独立自在的）。真理只是在它们的总和中以及在它们的关系中才会实现。"[①]接着，列宁作出了自己的理解："真理就是由现象、现实的一切方面的总和以及它们的（相互）关系构成的。概念的关系（=过渡=矛盾）=逻辑的主要内容，并且这些概念（及其关系、过渡、矛盾）是作为客观世界的反映而被表现出来的。事物的辩证法创造观念的辩证法，而不是相反。"[②]这里相对比较好理解，列宁讲的是从现象到本质的认识事物的过程，贯穿其中的是概念不断接近事物总体规定的辩证运动。基于此，列宁开始进行理论提升，他说："应当更通俗地表述这一要义，不用辩证法这个字眼，大致可以这样说：黑格尔在一切概念的更换、相互依赖中，在它们的对立面的同一中，在一个概念向另一个概念的过渡中，在概念的永恒的更换、运动中，天才地猜测到的正是事物、自然界的这样的关系。"[③]显然，黑格尔没有这么直白地说，也不可能从唯心主义者的自述中得出这样的结论，所以，列宁说黑格尔最多也只是天才地猜测到了。

　　黑格尔逻辑学中关于观念的诸多阐述，列宁是非常关注的。

---

①《列宁全集》第 55 卷，人民出版社 2017 年版，第 165—166 页。

②《列宁全集》第 55 卷，人民出版社 2017 年版，第 166 页。

③《列宁全集》第 55 卷，人民出版社 2017 年版，第 166 页。

第一，概念要达到对总体性的把握，但概念与总体性总是有距离的，因此这也决定了从概念到总体性把握即认识的客观性是一个过程。列宁直接把它翻译为唯物主义的表述："人对自然界的认识（='观念'）的各环节，就是逻辑的范畴"[1]，"观念是……一个过程"[2]。

第二，列宁在读到黑格尔讲"观念本身就是辩证法""辩证法才是永恒的创造、永恒的生命和永恒的精神"时，写下了重要点评："辩证法不在人的知性中，而在'观念'中，即在客观的现实中""'永恒的生命'=辩证法"[3]。辩证法作为逻辑学和认识论的内核，以生命喻之并不为过，恰好以示强调。

第三，怎么从观念过渡到更高的环节？列宁摘了黑格尔一段关于观念过程三个重要环节的说明：观念作为过程，体现为三个形式，第一个形式是生命；第二个形式是作为认识的观念，这个认识又以理论观念和实践观念的双重形态出现；认识过程的结果是恢复因差别而丰富起来的统一，这便提供了第三个形式，即绝对观念。列宁对此非常感兴趣，这主要有两个原因：一是黑格尔强调了观念发展的过程性；二是黑格尔提出了实践观念。列宁是这样点评的："观念是'真理'。观念，即真理，作为过程——因为真理是过程——在自己的发展中经历三个阶段：（1）生命；（2）认识过程，其中包括人的实

①《列宁全集》第 55 卷，人民出版社 2017 年版，第 168 页。
②《列宁全集》第 55 卷，人民出版社 2017 年版，第 169 页。
③《列宁全集》第 55 卷，人民出版社 2017 年版，第 169 页。

践和技术，——（3）绝对观念（即完全真理）的阶段。"①列宁怕他的解读还不够唯物主义，又进行了概括："生命产生脑。自然界反映在人脑中。人在自己的实践中、在技术中检验这些反映的正确性并运用它们，从而也就达到客观真理。"②精彩的地方在于，列宁已不再停留于黑格尔唯心主义的观念发展的过程性问题上，而是基于观念发展的过程性，把人类的实践活动（实践和技术）加入逻辑学和认识论整体范式，从而实现了对黑格尔观念论的实践唯物主义的超越。

为什么黑格尔把"生命"作为"观念"篇的第1章呢？生命对于逻辑学和认识论又有什么意义呢？列宁读到这一章后，先用黑格尔的话语提示我们："'按照关于逻辑的通常看法'，在逻辑中是不谈生命问题的。但是，如果逻辑的对象是真理，而'真理本身实质上又包含在认识中'，那么就不得不论述认识，——谈到认识，就该谈到生命。"③简单地说，生命指向的是认识的主体与实践的主体，没有主体就谈不上逻辑学与认识论。所以，列宁指出，"从客观世界在人的意识（最初是个体的意识）中的反映过程和实践对这个意识（反映）的检验这一角度来看，把生命纳入逻辑的思想是可以理解的——并且是天才的"④。为了说明白这一点，列宁直接给生命作了个规范性

①《列宁全集》第 55 卷，人民出版社 2017 年版，第 170 页。
②《列宁全集》第 55 卷，人民出版社 2017 年版，第 170 页。
③《列宁全集》第 55 卷，人民出版社 2017 年版，第 171 页。
④《列宁全集》第 55 卷，人民出版社 2017 年版，第 171 页。

界说，"生命=个别的主体把自己和客观的东西分隔开来"①。列宁指出："身体的各个部分只有在其联系中才是它们本来应当是的那样。脱离了身体的手，只是名义上的手。"②也就是说，生命跟身体的某个部位还不一样，某个部位不等于生命，生命是活着的各个部位组成的有机体，这才是认识和实践的主体，而这个主体才是逻辑学和认识论的前提。列宁指出："如果考察逻辑中主体对客体的关系，那就应当注意具体的主体（=人的生命）在客观环境中存在的一般前提。"③列宁这样一解释，我们就理解了黑格尔对于章节的安排，首先是作为"有生命的个体"的生命，其次是"生命过程"，最后是"类的过程"④，即人的繁衍过程和向认识的过渡。列宁认为，正是在这个生命过程中，我们可以实现把握总体性并达到客观性，即实现主体和客体的统一。

　　在"观念"篇的第 2 章"认识的观念"的摘要中，列宁讨论的主题是主观的意识怎么向客观性"沉入"⑤，关注的重点是实践观念，他在摘要中突出了实践活动对认识过程及逻辑推进的重要性。黑格尔说，我们如果只停留在单纯的表象和名称上，我们是得不到接近客观性的概念的。列宁接着这句话说：

①《列宁全集》第 55 卷，人民出版社 2017 年版，第 171 页。
②《列宁全集》第 55 卷，人民出版社 2017 年版，第 171—172 页。
③《列宁全集》第 55 卷，人民出版社 2017 年版，第 172 页。
④《列宁全集》第 55 卷，人民出版社 2017 年版，第 172 页。
⑤《列宁全集》第 55 卷，人民出版社 2017 年版，第 174 页。

"要理解，就必须从经验开始理解、研究，从经验上升到一般。要学会游泳，就必须下水。"[1]认识最初确实是有限的和主观的，但随着认识过程的推进，最初的有限性和主观性逐渐被引向客观真理。就此，列宁一语中的地指出了康德的错误："康德把认识和客体分割开来，从而把人的认识（它的范畴、因果性等等、等等）的有限的、暂时的、相对的、有条件的性质当做主观主义，而不是当做观念（＝自然界本身）的辩证法。"[2]也就是说，康德只停留在认识的开端，那个有限和主观的层面，而没有借助辩证法把这种有限性和主观性引向总体性和客观性。

　　为了深化对主观到客观、有限到总体过程的理解，列宁告诉我们："当逻辑的概念还是'抽象的'，还具有抽象形式的时候，它们是主观的，但同时它们也表现着自在之物。自然界既是具体的又是抽象的，既是现象又是本质，既是瞬间又是关系。人的概念就其抽象性、分隔性来说是主观的，可是就整体、过程、总和、趋势、来源来说却是客观的。"[3]那么，关键是怎么才能由主观达到客观、由有限达到总体呢？列宁回到《哲学全书》第 225 节，重点谈了认识和意志。意志部分讲的是实践和技术，他指出："《哲学全书》第 225 节非常好，在那里'认识'（'理论的'）和'意志'，'实践活动'被描述为消灭主观性的'片面性'和客观性的'片面性'的两个方面、两

---

①《列宁全集》第 55 卷，人民出版社 2017 年版，第 175 页。
②《列宁全集》第 55 卷，人民出版社 2017 年版，第 177 页。
③《列宁全集》第 55 卷，人民出版社 2017 年版，第 178 页。

个方法、两个手段。"①可以看出来,列宁准备重点考察认识过程中的实践问题,这是列宁阅读黑格尔文本的重要意图之一。

列宁指出:"康德没有指出范畴的相互过渡。"②黑格尔做到了这一点,他从逻辑推进的角度论证了以分析和综合推进人们达到总体性和客观性认识的可能性。黑格尔说,分析的认识是全部推理的第一个前提——概念与客体的直接关系;所以同一就是这样一个规定,这种认识把它当作自己的规定,并且这种认识只抓住现有的东西。综合的认识则力求对现有的东西达到理解,也就是说,在各种规定的统一性中去掌握各规定的多样性。因此,综合的认识是推理的第二个前提,在这个前提中,存在差别的东西本身是相关联的。这样,这种认识的目标就是一般必然性。对于黑格尔的这个说法,列宁认为是很重要的,在摘要和点评中一再谈到分析和综合对于人们接近真理的重要性。但是,列宁要理解的是除了分析和综合的逻辑推进,还有什么要素或环节是不可或缺的。接着,列宁找到了黑格尔极其重要的观点:其一,"综合的认识还是不完全的,因为'概念在其对象中或在其实在性中没有成为与自身的统一……由于对象和主观的概念不相符合,所以在这种认识中观念还没有达到真理……'"③其二,实践活动必须参与进来,"……既然自为的概念现在是自在自为的规定的概念,那么观念就是实践

---

①《列宁全集》第 55 卷,人民出版社 2017 年版,第 178 页。
②《列宁全集》第 55 卷,人民出版社 2017 年版,第 179 页。
③《列宁全集》第 55 卷,人民出版社 2017 年版,第 180 页。

的观念，即行动"①。列宁认为，这就是"黑格尔论实践和认识的客观性"②。

列宁对此总结说："理论的认识应当提供在必然性中、在全面关系中、在自在自为的矛盾运动中的客体。但是，只有当概念成为在实践意义上的'自为存在'的时候，人的概念才能'最终地'抓住、把握、通晓认识的这个客观真理。也就是说，人的和人类的实践是认识的客观性的验证、标准。"③这显然是对黑格尔的肯定，但是列宁是有点犹豫的："黑格尔的意思是这样的吗？这一点要回头再看。"④其实这个问题已经不重要了，重要的是列宁看到了马克思与黑格尔的接近性："所有这些都在《认识的观念》这一章（第 2 章）中——在向'绝对观念'（第 3 章）的过渡中——就是说，无疑地，在黑格尔那里，在分析认识过程中，实践是一个环节，并且也就是向客观的（在黑格尔看来是'绝对的'）真理的过渡。因此，马克思把实践的标准引进认识论时，是直接和黑格尔接近的：见关于费尔巴哈的提纲。"⑤这一段的点评非常重要，列宁指出了把实践标准引入认识论的重要性，更为重要的是，他强调了这一观点与马克思 1845 年春天写下的《关于费尔巴哈的提纲》的一

---

① 《列宁全集》第 55 卷，人民出版社 2017 年版，第 180—181 页。
② 《列宁全集》第 55 卷，人民出版社 2017 年版，第 181 页。
③ 《列宁全集》第 55 卷，人民出版社 2017 年版，第 181 页。
④ 《列宁全集》第 55 卷，人民出版社 2017 年版，第 181 页。
⑤ 《列宁全集》第 55 卷，人民出版社 2017 年版，第 181 页。

致性。在《关于费尔巴哈的提纲》中，马克思指出："人的思维是否具有客观的真理性，这不是一个理论的问题，而是一个实践的问题。人应该在实践中证明自己思维的真理性，即自己思维的现实性和力量，自己思维的此岸性。"①

二、"三同一"思想的基础是主体实践活动

列宁以"认识论中的实践"为标题，归纳提出了认识客观世界和创造客观世界的原理："人的意识不仅反映客观世界，并且创造客观世界。"②列宁对这句话进行了解释："作为主观东西的概念（=人）又以自在存在着的异在（=不以人为转移的自然界）为前提。这个概念（=人）是实现自身的冲动，是在客观世界中通过自身给自己提供客观性并实现（完成）自身的冲动。"③这种冲动既体现为认识客观世界，也体现为通过实践改造客观世界，前者体现在理论观念中，后者体现在实践观念中。列宁指出："在理论观念中（在理论领域中），主观概念（认识？）作为普遍的东西和自身没有规定性的东西而和客观世界相对立，它从客观世界中汲取规定的内容并得到充实。""在实践观念中（在实践领域中），这个概念则作为现

---

① 《马克思恩格斯文集》第 1 卷，人民出版社 2009 年版，第 500 页。
② 《列宁全集》第 55 卷，人民出版社 2017 年版，第 182 页。
③ 《列宁全集》第 55 卷，人民出版社 2017 年版，第 182 页。

实的东西（作用着的东西？）而和现实的东西相对立。"①但是对立不是终结，而是主体以实践活动为中介改造世界的开始，而且一开始，主体就是具有能动性的，这种能动性体现为对主体性和对客观世界非现实性（这里的非现实性指未被主体所把握的属性）的确信。列宁指出："主体（在这里突然代替'概念'）在其自在自为的存在中，即在作为规定的主体中所具有的对自身的确信，就是对自己的现实性和世界的非现实性的确信。"②正是这种确信，使主体用实践活动的方式变革世界，使客观世界纳入主体的视野和场域。列宁点评道："这就是说，世界不会满足人，人决心以自己的行动来改变世界。"③这里又涉及一个前文已经被列宁摘要的词——"善"，黑格尔的"善"是什么意思呢？其实就是主体性，即主体创造世界的欲望或目的。列宁说："'善'是'对外部现实性的要求'，这就是说，'善'被理解为人的实践＝要求（1）和外部现实（2）。"④列宁还说："善、幸福、良好愿望，依然是主观的应有……"⑤在列宁看来，善、幸福、良好愿望是同一系列的概念，即都是主体性的体现，也是实践的目的性。

列宁在这里提出了实践的两重品格，即普遍性品格和现实

①《列宁全集》第 55 卷，人民出版社 2017 年版，第 182 页。
②《列宁全集》第 55 卷，人民出版社 2017 年版，第 182—183 页。
③《列宁全集》第 55 卷，人民出版社 2017 年版，第 183 页。
④《列宁全集》第 55 卷，人民出版社 2017 年版，第 183 页。
⑤《列宁全集》第 55 卷，人民出版社 2017 年版，第 184 页。

性品格。从黑格尔解读的角度看，普遍性指实践包含着对客观世界总体性的认知，这种认知也是主体通过认识所达到的现实性，因此普遍性与现实性是统一的；现实性既指人的认知的总体性和真理性，也指实践由主体到客体的联结，即通过实践把善之目的体现在客观性现实当中，所以两种品格统一于实践活动的过程中。列宁指出："实践高于（理论的）认识，因为它不仅具有普遍性的品格，而且还具有直接现实性的品格。"①

在此，列宁借黑格尔的话语阐述了一个道理：目的活动不是指向自己，而是为了通过消灭外部世界的规定（方面、特征、现象）来获得具有外部现实形式的实在性。这句话的意思概括起来就是，主体性目的通过实践活动变革世界，从而使自己的目的体现为现实。列宁提醒我们："'客观世界''走它自己的路'，人的实践面对这个客观世界，在'实现'目的时会遇到'困难'，甚至会碰到'无法解决的问题'……"②这个困难指客观世界的客观实在性，它是主体实践的前提，但有时候却是实践的障碍，只有依循规律（只有靠认识才能接近规律）才能通过实践清除这道障碍，使客观世界向主体目的性靠拢。显然，这里重要的不是认识和实践的分离，而是认识和实践的结合。列宁指出："认识……发现在自己面前真实存在着的东

①《列宁全集》第 55 卷，人民出版社 2017 年版，第 183 页。
②《列宁全集》第 55 卷，人民出版社 2017 年版，第 184 页。

西就是不以主观意见（设定）为转移的现存的现实。（这是纯粹的唯物主义！）人的意志、人的实践，本身之所以会妨碍达到自己的目的……就是由于把自己和认识分隔开来，由于不承认外部现实是真实存在着的东西（是客观真理）。必须把认识和实践结合起来。"①结合的方式是，认识为实践提供可遵循的客观世界的总体性和客观性即规律，而实践为认识不断开辟认知客观世界的道路。

那么实践是如何为认识开辟道路的呢？或者实践与逻辑学的关系是什么呢？列宁通过批判解读黑格尔，提出了一种逻辑范式，即实践活动形成的逻辑式，逻辑式包括概念和范畴，也就是前文提到的逻辑之网上面的纽结。列宁是这么说的："'行动的推理……'对黑格尔来说，行动、实践是逻辑的'推理'，逻辑的式。这是对的！当然，这并不是说逻辑的式把人的实践作为它自己的异在（=绝对唯心主义），而是相反，人的实践经过亿万次的重复，在人的意识中以逻辑的式固定下来。这些式正是（而且只是）由于亿万次的重复才有着先入之见的巩固性和公理的性质。"②这样说是有前提的，列宁指出，"第 1个前提：善的目的（主观的目的）对现实（"外部现实"）的关系"；"第 2 个前提：外部的手段（工具），（客观的东西）"；"第 3 个前提，即结论：主体和客体的一致，对主观观念的检验，

---

① 《列宁全集》第 55 卷，人民出版社 2017 年版，第 185 页。
② 《列宁全集》第 55 卷，人民出版社 2017 年版，第 186 页。

客观真理的标准"①。简单地说，列宁讲的是主体通过实践认识和创造客观世界的关系，这里提到的三个要素即主体、工具、客体，目的的实现就是主体和客体的统一。

列宁指出，有时候人的有目的的实践活动达不到目标，即完不成任务，这主要是因为主体把实在当作不存在的东西，主要是因为主体不承认实在的客观的现实性，没有尊重客观规律。相反，成功的实践活动则从现实事物的特性出发，围绕自己的目的改造这些特性，从而实现改造世界的目的。所以，列宁指出："为自己绘制客观世界图景的人的活动改变外部现实，消灭它的规定性（=变更它的这些或那些方面、质），这样，也就去掉了它的外观、外在性和虚无性的特点，使它成为自在自为地存在着的（=客观真实的）。"②这样一来，主体的目的性就体现在直接的现实当中，也就是说，直接的现实如同在认识当中一样，体现出主体的目的性。列宁对此加以点评："活动的结果是对主观认识的检验和真实存在着的客观性的标准。"③通过实践活动，理论观念即认识就与实践统一起来了："理论观念（认识）和实践的统一——要注意这点——而且这个统一正是认识论中的，因为'绝对观念'（而观念='客观真理的东西'）是在总和中得出来的。"④

①《列宁全集》第 55 卷，人民出版社 2017 年版，第 186 页。
②《列宁全集》第 55 卷，人民出版社 2017 年版，第 187 页。
③《列宁全集》第 55 卷，人民出版社 2017 年版，第 188 页。
④《列宁全集》第 55 卷，人民出版社 2017 年版，第 188 页。

三、列宁对唯物主义"三同一"思想的表述

在《黑格尔辩证法（逻辑学）的纲要》中，列宁先是摘下了《小逻辑》（《哲学全书》）的目录，然后展开了精彩的长篇点评。从内容看，他是想按照黑格尔的《逻辑学》的辩证思路，研究马克思主义逻辑学、认识论和辩证法的同一性问题。

首先，从主体通过概念把握事物的运动规律来看，各门科学的思想史都是认识规律的历史。列宁指出："概念（认识）在存在中（在直接的现象中）揭露本质（因果、同一、差别等等规律）——整个人类认识（全部科学）的一般进程确实如此。自然科学和政治经济学（以及历史）的进程也是如此。所以，黑格尔的辩证法是思想史的概括。从各门科学的历史来更具体地更详尽地研究这点，会是一个极有裨益的任务。总的说来，在逻辑中思想史应当和思维规律相吻合。"①也就是说，从逻辑学的角度看，科学史就是认识规律的历史，即研究概念运动和过渡的逻辑学与把握事物规律的认识论是同一的。

其次，认识论的基本范式是从主体走向客体—受实践的检验—达到真理。列宁指出："非常显著，黑格尔有时从抽象到具体（存在（抽象）——定在（具体）——自为存在），——有时却相反（主观概念——客体——真理（绝对观念））。这是

---

① 《列宁全集》第 55 卷，人民出版社 2017 年版，第 289 页。

否就是唯心主义者的不彻底性（马克思称之为黑格尔的观念的神秘主义）呢？或者还有更深刻的道理呢？（例如，存在＝无——变易、发展的观念。）起初有一些印象闪现，而后有某个东西分出，——然后质#（物或现象的规定）和量的概念发展起来。然后研究和思索使思想去认识同一——差别——根据——本质对现象的关系——因果性等等。所有这些认识的环节（步骤、阶段、过程）都是从主体走向客体，受实践的检验，并通过这个检验达到真理（＝绝对观念）。"[1]显然，作为总结性点评，列宁的点评已经远远超出黑格尔的文本，加进了许多辩证唯物主义的要素。

最后，逻辑学、认识论和辩证法的"三同一"思想。列宁指出："虽说马克思没有遗留下'逻辑'（大写字母的），但他遗留下《资本论》的逻辑，应当充分地利用这种逻辑来解决这一问题。在《资本论》中，唯物主义的逻辑、辩证法和认识论（不必要三个词：它们是同一个东西）都应用于一门科学，这种唯物主义从黑格尔那里吸取了全部有价值的东西并发展了这些有价值的东西。"[2]这是列宁以《资本论》为例，首次这么明确地指出逻辑学、认识论和辩证法的"三同一"思想。但列宁这里用的是逻辑而不是逻辑学，强调概念的运动和过渡。对于黑格尔逻辑学来说，列宁想去掉其唯心主义的外壳。

---

①《列宁全集》第 55 卷，人民出版社 2017 年版，第 289—290 页。
②《列宁全集》第 55 卷，人民出版社 2017 年版，第 290 页。

商品—货币—资本，再到绝对剩余价值的生产和相对剩余价值的生产，马克思的《资本论》告诉我们，对资本主义历史的认识与概述资本主义历史的概念推演是一回事。因此，列宁在这个地方给自己下了一个任务："资本主义的历史和对于概述资本主义历史的那些概念的分析。"[1]有意思的是，列宁接下来就以《资本论》为例进行了具体分析："开始是最简单的、最普通的、最常见的、最直接的'存在'：个别的商品（政治经济学中的'存在'）。把它作为社会关系来加以分析。两重分析：演绎的和归纳的，——逻辑的和历史的（价值形式）。"[2]列宁还用双竖线加以强调："在这里，在每一步分析中，都用事实即用实践来检验。"[3]也就是说，马克思的《资本论》的每个逻辑过渡和认识过程都是以事实为依据、靠实践来检验的。

---

[1]《列宁全集》第 55 卷，人民出版社 2017 年版，第 290 页。
[2]《列宁全集》第 55 卷，人民出版社 2017 年版，第 291 页。
[3]《列宁全集》第 55 卷，人民出版社 2017 年版，第 291 页。

第六章　辩证法的实质及其基本内涵

　　列宁在重点解读黑格尔的《逻辑学》和《哲学史讲演录》等文本的过程中，深化了对辩证法核心和实质的认识。列宁强调可以把辩证法简要地规定为关于对立面的统一的学说，并把辩证法的实质界定为统一物之分为两个部分，以及对它矛盾着的部分的认识。列宁关于辩证法的深刻认识，为《哲学笔记》重构唯物主义辩证法体系提供了重要指引。

一、对立统一是辩证法的核心和实质

　　列宁在阅读黑格尔的《逻辑学》"导言：逻辑的一般概念"部分时，受到了重要启发，开始思考逻辑过程的内在动力即辩证法。在康德的理论体系中，逻辑往往被当作与自在之物没有内在关系的纯粹的思维科学或纯粹的思维形式。黑格尔对此作出批判，列宁同意黑格尔的观点："逻辑形式是僵死的形式——因为它们没有被看成'有机的统一'，'它们的活生生的具体的统一'。"[①]那么，是什么让逻辑学成为活

---

①《列宁全集》第 55 卷，人民出版社 2017 年版，第 80 页。

生生的具体的统一呢？列宁关注到，黑格尔在《精神现象学》中，把矛盾作为推进意识前进到绝对知识的整个运动过程的动力。从逻辑演绎的方法看，列宁要求我们注意："方法就是对逻辑内容的内部自己运动的形式的意识"，而"往下第 41 页全是对于辩证法的很好的说明"①。重要的是，列宁在这里已经把逻辑学的方法即辩证法与逻辑推进的内在动力即矛盾联系起来，这是后来列宁把对立统一即矛盾作为辩证法的核心和本质的初始原因。为此，列宁强调逻辑的演绎和推进就是事物自身运动的辩证法，而这个过程是由矛盾推动的。列宁指出："否定是规定的东西，具有规定的内容，内部的矛盾使旧的内容为新的更高级的内容所代替。"②

那么矛盾是怎么成为逻辑推进的内在动力的呢？或者，辩证法是如何成为逻辑学的内在方法的呢？由此列宁过渡到对辩证法两大特征的分析上。列宁没有明确提出辩证法的两大特征，他关注的重点是矛盾何以成为动力？列宁指出："在旧逻辑中，没有过渡，没有发展（概念的和思维的），没有各部分之间的'内在的必然的联系'，也没有某些部分向另一些部分的'过渡'。"③列宁由此直接从黑格尔那里摘下了辩证法的两个要求，即辩证法的两个基本特征："于是，黑格尔提出两个基本要求：（1）'联系的必然性'和（2）'差别的内在的发

①《列宁全集》第 55 卷，人民出版社 2017 年版，第 81 页。
②《列宁全集》第 55 卷，人民出版社 2017 年版，第 81 页。
③《列宁全集》第 55 卷，人民出版社 2017 年版，第 81 页。

生'。"①这里所说的"差别的内在的发生"指的就是列宁讲的某些部分向另一些部分的过渡，这种过渡在唯物主义辩证法的理论体系中被界定为发展。

列宁已经开始提炼自己的辩证法理解范式，他在一个大方框中写下了一段点评："非常重要！！据我看来，这就是下面的意思：（1）现象的某一领域的一切方面、力量、趋向等等的必然联系、客观联系；（2）'差别的内在的发生'，是差别、两极性的演进和斗争的内部客观逻辑。"②可见，列宁已经把前文提到的"过渡"直接描述为差别的斗争，本质上即对立统一推进的事物及其观念的运动发展。列宁认为，这样就得到了辩证法的两个重要方面，他指出，"两个重要的东西：（1）外观的客观性（2）矛盾的必然性"③。外观的客观性指客观联系或联系的客观性，矛盾的必然性指事物或观念由矛盾引起的运动发展。有意思的是，列宁在这个点评右侧还加了一个点评："注意：不清楚，回头再看！！"④从我们的解读看，列宁的摘要前后具有很强的互文性，即前后具有很强的联系性。列宁借黑格尔的话语告诉我们，如此一来，我们就把握住了辩证法的灵魂和生命力："自己运动的灵魂……（'内在的否定性'）……

①《列宁全集》第 55 卷，人民出版社 2017 年版，第 81 页。
②《列宁全集》第 55 卷，人民出版社 2017 年版，第 82 页。
③《列宁全集》第 55 卷，人民出版社 2017 年版，第 82 页。
④《列宁全集》第 55 卷，人民出版社 2017 年版，第 82 页。

'一切自然的和精神的生命力原则'。"①列宁还用等于号解释了辩证法的实质："辩证的东西='在对立面的统一中把握对立面'……"②

列宁在黑格尔解释诡辩与辩证法区别的一段话的边上加了六个字的点评——"诡辩和辩证法"③。在黑格尔看来，诡辩是没有经过批判性反思、缺少根据和前提的推理，辩证法则是以批判性反思为前提、以具体规定性为内容的高级理性运动。所以问题在于是否包含具体的规定性，这种规定性既是自在的也是为他的，即是一种状态转化为另一种状态的过程，这才是真正的"辩证的哲学思维"，相反，"康德主义=形而上学"④。列宁总结道："辩证法是一种学说，它研究对立面怎样才能够同一，是怎样（怎样成为）同一的——在什么条件下它们是相互转化而同一的，——为什么人的头脑不应该把这些对立面看做僵死的、凝固的东西，而应该看做活生生的、有条件的、活动的、彼此转化的东西。"⑤简单地说，列宁已经把辩证法归纳为关于对立统一的学说。

值得注意的是，列宁读到这里，他提醒我们阅读黑格尔的著作需要用正确的方法：辩证地批判黑格尔，并从黑格尔哲学

---

① 《列宁全集》第 55 卷，人民出版社 2017 年版，第 82 页。
② 《列宁全集》第 55 卷，人民出版社 2017 年版，第 83 页。
③ 《列宁全集》第 55 卷，人民出版社 2017 年版，第 89 页。
④ 《列宁全集》第 55 卷，人民出版社 2017 年版，第 90 页。
⑤ 《列宁全集》第 55 卷，人民出版社 2017 年版，第 90 页。

思想中汲取有用的东西，必须区分主观和客观运用"对立面同一的灵活性"。列宁指出："概念的全面的、普遍的灵活性，达到了对立面同一的灵活性，——这就是实质所在。主观地运用的这种灵活性＝折中主义与诡辩。客观地运用的灵活性，即反映物质过程的全面性及其统一性的灵活性，就是辩证法，就是世界的永恒发展的正确反映。"①列宁在这段话的右侧还加了注释"注意：在阅读黑格尔时，关于辩证法的思想"②。列宁阅读"第 2 篇 量"时在第 1 页所作的摘要上写下了"真正的辩证法"③这几个字，对应黑格尔在文本中所说的真理是规定的统一，其本质还是对立面的统一性。

最精彩的是列宁引述的黑格尔关于同一律、排中律和矛盾律的部分。因为从同一律到排中律，再到矛盾律的过渡，列宁看到了推动概念和思维运动的真正动力，即矛盾。列宁先列出了黑格尔逻辑演进的三段式："同一——差别——矛盾（其中包含对立）（根据）……"④括号内点评的意思是很容易理解的，对立面的统一过程既是逻辑演进的根本依据，也是事物运动的真正依据。黑格尔讨论同一律想解决的是真理与客体的关系问题，同一律讲的 A＝A，从辩证认识过程看，并非事物与事物本身的同一，也并非主观形式的自我同一，而是知识否定地

---

① 《列宁全集》第 55 卷，人民出版社 2017 年版，第 91 页。
② 《列宁全集》第 55 卷，人民出版社 2017 年版，第 91 页。
③ 《列宁全集》第 55 卷，人民出版社 2017 年版，第 98 页。
④ 《列宁全集》第 55 卷，人民出版社 2017 年版，第 112 页。

对待他物，是知识融入客观并扬弃客体。因此，反思的规定是内在于真理的，这种反思使得 A=A 呈现出过渡性，因为反思的每一个规定在其概念本身中都包含着另一规定。讲到排中律，某物或者是 A 或者是非 A，列宁强调重点应该是指出其差异性，并由差异性最终走向矛盾律。在黑格尔看来，排中律的核心内涵是一切都是对立的，一切都有自己的肯定规定和否定规定，而不是简单地判断一个物要么是该物，要么是它的非存在。列宁对此点评道："这是机智而正确的。任何具体的东西、任何具体的某物，都是和其他的一切处于相异的而且常常是矛盾的关系中，因此，它往往既是自身又是他物。"[1]矛盾律对于理解客观意义上的认识论就更重要了，在黑格尔看来，矛盾是之前阐释的反思规定即同一、差别和对立的统一，矛盾既包含这些规定，又是这些规定"向之过渡的那个规定"[2]。简单地说，事物自身都是矛盾的，矛盾是事物更深刻更本质的东西，同一是简单的直接的东西的规定、僵死存在的规定，矛盾则不一样，它对于事物的存在来说具有本质性。列宁摘下了黑格尔非常重要的几句话："矛盾却是一切运动和生命力的根源；某物只因为在本身中包含着矛盾才运动，才有冲动和活动。"[3]"矛盾是在其本质规定中的否定的东西，它是一切自己运动的原则，

---

[1]《列宁全集》第 55 卷，人民出版社 2017 年版，第 115 页。
[2]《列宁全集》第 55 卷，人民出版社 2017 年版，第 115 页。
[3]《列宁全集》第 55 卷，人民出版社 2017 年版，第 116 页。

而自己运动不过是矛盾的表现。"①

列宁通过黑格尔对同一、差异和对立再到矛盾的阐释，把握了黑格尔对事物自身运动的基本动力的理解，也慢慢理解了黑格尔思辨哲学的主要意图，因此对黑格尔的理解更加深入。看得出来，列宁读到此处是非常兴奋的，因为除去唯心主义体系的外壳，黑格尔对辩证法的理解是深刻的。为此，列宁写下一段重要点评："运动和'自己运动'（这一点要注意！自生的（独立的）、天然的、内在必然的运动），'变化'，'运动和生命力'，'一切自己运动的原则'，'运动'和'活动'的'冲动'——'僵死存在'的对立面，——谁会相信这就是'黑格尔主义'的实质、抽象的和 abstrusen（费解的、荒谬的？）黑格尔主义的实质呢？？必须揭示、理解、拯救、解脱、澄清这种实质，马克思和恩格斯就做到了这一点。"②显而易见，在关于事物运动的辩证法的理解上，列宁直接回到了马克思主义：事物是运动和过程的集合体，而不是僵死的直接性的集合体。

二、从主观辩证法向客观辩证法的转化

列宁回到黑格尔的《哲学史讲演录》，在"哲学史导言"部分的阅读中首先摘下的是这样一段话："……如果真理是抽

---

① 《列宁全集》第 55 卷，人民出版社 2017 年版，第 116—117 页。
② 《列宁全集》第 55 卷，人民出版社 2017 年版，第 117—118 页。

象的,那它就是不真实的。健全的人类理性力求具体的东西……哲学最敌视抽象的东西,它引导我们回到具体的东西……"①列宁之所以摘下这一段话,很重要的一点是因为黑格尔说的意思是:哲学是通向对事物总体性认识的学问。在列宁看来,实现对事物总体性的认识过程蕴含着从主观辩证法向客观辩证法的过渡。由此,列宁借助黑格尔对哲学史的考察,开始讨论如何从主观辩证法过渡到客观辩证法这一问题。

在读到埃利亚学派的哲学观点时,列宁在黑格尔的文本中注意到两种辩证法的规定,并对什么是辩证法作出了界定。列宁指出:"这里实质上有辩证法的两种规定(两个标志,两种特征;规定而不是定义):(α)'概念中的纯思维运动';(β)'在对象的本质〈自身〉中〈发现〉〈揭露〉它〈这本质〉自身所具有的矛盾(本来意义上的辩证法)'。换句话说,黑格尔的这个'片段'应当表达如下:辩证法一般地说就是'概念中的纯思维运动'(用不带唯心主义神秘色彩的说法,也就是人的概念不是不动的,而是永恒运动的,相互过渡的,往返流动的;否则,它们就不能反映活生生的生活。对概念的分析、研究,'运用概念的艺术'(恩格斯),始终要求研究概念的运动、它们的联系、它们的相互过渡)。"②从列宁关于《逻辑学》的摘要看,这段文字是不难理解的,在黑格尔那里首先

---

① 《列宁全集》第55卷,人民出版社2017年版,第207页。
② 《列宁全集》第55卷,人民出版社2017年版,第212—213页。

是逻辑推进的辩证法，而这种辩证法是不断接近对象总体性并达到认识客观性的重要工具，这种接近之所以可能，又是因为对象本身是处于由矛盾推动的运动之中的。就此而言，辩证法是可能的，因为主体可以在思维中清晰地意识到逻辑推进的辩证过程，同时客观对象本身就处于辩证运动中。但是列宁还没有说完，他进一步解释道："具体地说，辩证法是研究自在之物、本质、基质、实体跟现象、'为他存在'之间的对立的。（在这里我们也看到相互过渡、往返流动：本质在显现；现象是本质的。）人的思想由现象到本质，由所谓初级本质到二级本质，不断深化，以至无穷。"①这里提出了辩证法作为方法所研究的对象，简单地说，辩证法的研究对象就是对立统一，其目的是在思想领域认识事物的本质。列宁总结道："就本来的意义说，辩证法是研究对象的本质自身中的矛盾：不但现象是短暂的、运动的、流逝的、只是被约定的界限所划分的，而且事物的本质也是如此。"②显然，这里既有思维辩证法即逻辑学，也有事物本身的辩证运动即事物发展过程中所包含的对立统一性。

但是，在此一定要注意，列宁对主观辩证法和客观辩证法的区分，并非主体思维中的辩证过程和客观事物或现象所具有的辩证过程的区别，而是作为独立的思维工具的辩证法与作为

①《列宁全集》第55卷，人民出版社2017年版，第213页。
②《列宁全集》第55卷，人民出版社2017年版，第213页。

基于事物或现象辩证过程而推进的思维把握事物或现象真实总体性的辩证法的区别。这是为什么列宁要标注黑格尔关于辩证法的一大段阐述的原因，列宁是这样标注的："辩证法一般是：（α）外在的辩证法，这个运动是同对这个运动的总的把握有区别的；（β）不单是我们理解的运动，而且是由事物自身的本质、即由内容的纯概念证明了的运动。前一种辩证法是一种方法，它考察对象，指出对象中的各种根据和各个方面，从而使通常认为确定不移的一切都动摇了。这些根据可能是完全外在的根据，我们谈到诡辩学派时将更多地谈到这种辩证法。而另外一种辩证法是对于对象的内在考察：只就对象本身来考察对象，没有前提、观念、应有，不依照外在的关系、规律、根据。人们完全进到事物中去，就对象自身来考察它，依据它所具有的规定来理解它。在这种考察中，它自身就显露出它包含着相互对立的规定，因而也就扬弃自己；这种辩证法我们主要是在古代哲学家那里看到的。从外在的根据来进行推论的主观辩证法，当它承认'正确之中也有不正确，谬误之中也有真理'的时候，才是正确的。真正的辩证法使自己的对象什么也不留下，以致对象不是仅从某一方面来看有缺陷，而是就其整个本性来说解体了……"①按照列宁的理解，黑格尔所说的"外在的辩证法"就是主观辩证法，而客观辩证法则是我们理解的运动和事物自身的本质证明了的运动所蕴含的辩证法。这里也就给我

---

① 《列宁全集》第 55 卷，人民出版社 2017 年版，第 214—215 页。

们提出了一个非常重要的理论和实践问题：我们能不能用作为主观辩证法的工具去认识事物本质呢？显然需要一个假设，即事物本质上是包含对立统一的，否则使用这个工具就成了主观设定了。目前唯物主义就是如此设定的，而且恩格斯和列宁等都从自然界、人类社会和思维运动中找到了这种设定的依据。

在关于赫拉克利特的哲学分析中，列宁注意到，黑格尔说芝诺的辩证法可以称为主观辩证法，因为它属于考察的主体，还缺少对辩证法和事物运动的统一物的认识，因此还是抽象的同一。列宁说到这里，指出黑格尔在其他地方还说过"在芝诺那里是客观辩证法"①。列宁摘下了黑格尔关于三种形式的辩证法的观点："辩证法是：（α）外在的辩证法，即达不到事物内在本质的来回推论；（β）对象的内在的辩证法，但是（注意）属于主体的考察。（γ）赫拉克利特的客观性，即本身被理解为原则的辩证法。"②紧接着，列宁点评道："（α）主观辩证法。（β）对象中有辩证法，但我不知道，也许这是外观，仅仅是现象，等等。（γ）作为一切存在物的原则的完全客观的辩证法。"③显然，这里列宁称之为主观辩证法的，大致是指主体用来观察事物的抽象的辩证法方法，在逻辑学中体现为概念、规定性的过渡等；对象中的辩证法，列宁猜测是事物的外观和现象，这样理解也是可以的，因为前面黑格尔已经说了其

①《列宁全集》第 55 卷，人民出版社 2017 年版，第 220 页。
②《列宁全集》第 55 卷，人民出版社 2017 年版，第 220 页。
③《列宁全集》第 55 卷，人民出版社 2017 年版，第 221 页。

是属于主体的考察，也就是说是一种经验的考察体验，未经主体与客观的统一确证；最后一种辩证法就是完全客观的辩证法，是主体通过辩证认识过程达到的对事物总体性的辩证把握。

　　在读到黑格尔分析柏拉图辩证法的相关文字时，列宁注意到黑格尔在具体阐述前面提到的"主观辩证法"①与客观辩证法，他标注为"黑格尔所说的'空洞的辩证法'"："在分析柏拉图的辩证法时，黑格尔再一次力图指出主观的、诡辩的辩证法与客观的辩证法之间的区别：'我们谈论每个事物时说，任何东西都是一："这个东西是一，同样我们又指出它里面的多，许多的部分和特性"，——但又说："这是一，这是多，二者出自完全不同的观点"，——我们不把这些思想合在一起，因此，表象和言语就在这些思想之间翻来覆去。这种翻来覆去，如果是有意识地进行的，那就是空洞的辩证法，这种辩证法没有把对立面结合起来，没有达到统一。'"②从内涵看，列宁说的是对的，因为在之前的阐述中，黑格尔把主观辩证法看作是概念的抽象演绎，所以一定是抽象的和空洞的，也就谈不上对立面的统一了。虽然没有做直接的肯定性点评，但是列宁对黑格尔批判主观辩证法或空洞的辩证法的做法是赞同的，这一点在《哲学笔记》的前面部分早就体现出来了。

---

① 《列宁全集》第 55 卷，人民出版社 2017 年版，第 221 页。
② 《列宁全集》第 55 卷，人民出版社 2017 年版，第 240 页。

三、辩证否定是联系和发展的重要环节

辩证否定是联系和发展的重要环节这一基本观点，在马克思、恩格斯的相关辩证法思想中早已提出来。列宁在《哲学笔记》中深化了对相关知识点的认识，他是从"发展的原则"展开讨论的。列宁指出："对于'发展原则'，在 20 世纪（还有 19 世纪末）'大家都同意'。——是的，不过这种表面的、未经深思熟虑的、偶然的、庸俗的'同意'，是一种窒息真理、使真理庸俗化的同意。——如果一切都发展着，那么一切就都相互过渡，因为发展显然不是简单的、普遍的和永恒的生长、增多（或减少）等等。——既然如此，那首先就要更确切地理解进化，把它看做一切事物的产生和消灭、相互过渡。——其次，如果一切都发展着，那么这是否也同思维的最一般的概念和范畴有关？如果无关，那就是说，思维同存在没有联系。如果有关，那就是说，存在着具有客观意义的概念辩证法和认识辩证法。"[1]从列宁提问的方式看，他也在思考客观的事物或现象本身的辩证运动与思维中概念的辩证法的关系。列宁不可能不知道思维规律，如辩证法本身是对事物或现象辩证过程的能动反映，但是作为能动反映的结果、存在于人头脑中的辩证法和作为认识工具的辩证法不是一回事，或者作为能动反映客

①《列宁全集》第 55 卷，人民出版社 2017 年版，第 215 页。

观事物或现象的辩证运动过程，即头脑中的辩证法在何种意义上可以作为人类的认识工具？如果作为普遍的认识工具，它必须满足必然性和普遍性的特征，这是由近代以来的西方哲学一再提出的问题。列宁称之为"关于辩证法及其客观意义的问题"[①]。列宁没有直接回答这个问题，而是间接提出了辩证法的两个原则，即后来教科书中讲的辩证法的两大特征。列宁指出："此外，还必须把发展的普遍原则和世界、自然界、运动、物质等等的统一的普遍原则联结、联系、结合起来。"列宁在这段话的边上加了标注"注意"："一、发展原则……""二、统一原则……"[②]。请注意，列宁在此页与前一页各标记了一个"+"号，表明这句点评与前文"关于辩证法及其客观意义的问题"的讨论是直接对接的。从列宁的唯物主义辩证法思想看，这显然是把发展原则（永恒发展）和统一原则（普遍联系）直接提升为能够普遍适用的辩证法的两大原则（基本特征）了。列宁没有直接论证这个观点，但是在他的《哲学笔记》中是列出过物理、化学领域的对立统一特性的。恩格斯也做过同样的事。估计出于这个原因，列宁认为没有必要再纠缠于这一事实了。

关于运动的连续性和非连续性的关系，列宁把它与矛盾的对立统一联系起来，借芝诺悖论的解读作出了分析。列宁指出："'理解就是用概念的形式来表达。'运动是时间和空间的本质。

①《列宁全集》第 55 卷，人民出版社 2017 年版，第 215 页。
②《列宁全集》第 55 卷，人民出版社 2017 年版，第 216 页。

表达这个本质的基本概念有两个：（无限的）非间断性和'点
截性'（=非间断性的否定，即间断性）。运动是（时间和空
间的）非间断性与（时间和空间的）间断性的统一。运动是矛
盾，是矛盾的统一。"①在唯物主义看来，运动就是连续性和
非连续性的统一，这是列宁在恩格斯的文本中早就看到的唯
物主义基本原理。在列宁看来，说运动就是物体在某一瞬间
在某一地点，接着而来的是另一瞬间则在另一地点，这是对
运动本身的非辩证的看法，驳斥不了黑格尔对运动的辩证理
解。列宁指出："（1）它描述的是运动的结果，而不是运动
本身；（2）它没有指出、没有包含运动的可能性；（3）它把
运动描写为静止状态的总和、联结，就是说，（辩证的）矛盾
没有被它消除，而只是被掩盖、推开、隐藏、遮闭起来。"②问
题的症结在于思维方式不对，这种思维方式把对象实际联结在
一起的各个环节彼此区分开来。所以，列宁说："如果不把不
间断的东西割断，不使活生生的东西简单化、粗陋化，不加以
划分，不使之僵化，那么我们就不能想象、表达、测量、描述
运动。思想对运动的描述，总是粗陋化、僵化。不仅思想是这
样，而且感觉也是这样；不仅对运动是这样，而且对任何概念
也都是这样。"③这段点评比较简单，讲的核心还是运动的连
续性和非连续性的统一，列宁说："这就是辩证法的实质。对

---

① 《列宁全集》第 55 卷，人民出版社 2017 年版，第 217 页。
② 《列宁全集》第 55 卷，人民出版社 2017 年版，第 219 页。
③ 《列宁全集》第 55 卷，人民出版社 2017 年版，第 219 页。

立面的统一、同一这个公式正是表现这个实质。"①

列宁借黑格尔的逻辑学对辩证法的历史作出了考察，强调了辩证法的客观性，批判把辩证法当作一种技艺或才能而不是当作概念的客观性的做法。列宁点评道："康德的重要功绩是重新倡导辩证法，承认它是'理性的必然的'（特性），但是（运用辩证法的）结果必定是（和康德主义）'相反的'。"②为什么说虽然康德认为辩证法是理性的必然的特性，但是运用辩证法的最终结果却不符合康德主义呢？这里的根本原因是，在康德那里，主体经验无法认识物自体，而从辩证法的矛盾运动看，主体可以通过经验的认识不断接近事物的总体，从而最终达到对物自体的认知。列宁对黑格尔阐述的概念的辩证过渡、对象的辩证过程等非常关注，强调这些都是黑格尔"对辩证法的一个非常有意思的、明白的、重要的概述"③。这里提到最多的是辩证过程的阐述，为了更清楚地说明辩证法为什么可以使对象或概念成为不断演进的过程，列宁用一段话强调了辩证否定的重要性。列宁指出：辩证法"本质的东西不是单纯的否定，不是徒然的否定，不是怀疑的否定、动摇、疑惑，——当然，辩证法自身包含着否定的要素，并且这是它的最重要的要素，——不是这些，而是作为联系环节、作为发展环节的否定，

①《列宁全集》第 55 卷，人民出版社 2017 年版，第 219 页。
②《列宁全集》第 55 卷，人民出版社 2017 年版，第 192 页。
③《列宁全集》第 55 卷，人民出版社 2017 年版，第 192 页。

它保持着肯定的东西，即没有任何动摇、没有任何折中"①。列宁在这里总结了辩证否定最为关键的核心内涵之一，即辩证否定是联系环节和发展环节。

列宁怕我们理解不了他所总结的以辩证否定作为联系和发展环节的说法，为此加了一句更为通俗的解释，"一般说来，辩证法就在于否定第一个论点，用第二个论点去代替它（就在于前者过渡到后者，在于指出前者和后者之间的联系等等）。后者可以成为前者的宾语"②。那么这又是什么意思呢？列宁提出了辩证否定的三段论："对于简单的和最初的'第一个'肯定的论断、论点等等，'辩证的环节'，即科学的考察，要求指出差别、联系、过渡。否则，简单的、肯定的论断就是不完全的、无生命的、僵死的。对于'第二个'否定的论点，'辩证的环节'则要求指出'统一'，也就是指出否定和肯定的联系，指出这个肯定存在于否定之中。从肯定到否定——从否定到保存着肯定东西的'统一'，——否则，辩证法就要成为空洞的否定，成为游戏或怀疑。"③简单地说，辩证否定的基本范式就是由三个环节组成的否定之否定规律。这里列宁提醒我们，在揭示黑格尔辩证法真实意义的同时，还要及时批判黑格尔的唯心主义。黑格尔认为，在自存的现实事物那里，存在于时间和空间中的矛盾的东西（比如规定性）各不相连地保持着

①《列宁全集》第 55 卷，人民出版社 2017 年版，第 195 页。
②《列宁全集》第 55 卷，人民出版社 2017 年版，第 195 页。
③《列宁全集》第 55 卷，人民出版社 2017 年版，第 196 页。

并列和先后相继的状态，并且就这样互不接触地出现在意识面前。列宁对此进行了批判性分析："'（对象）互不接触地出现在意识面前'——这就是反辩证法的实质。似乎就在这里黑格尔露出了唯心主义的马脚，——时间和空间（和表象联系着）被列入比思维低级的东西。虽然，在一定意义上表象的确是比较低级的。实质在于：思维应当把握住运动着的全部'表象'，为此，思维就必须是辩证的。表象比思维更接近于实在吗？又是又不是。表象不能把握整个运动，例如它不能把握秒速为 30 万公里的运动，而思维则把握而且应当把握。从表象中获得的思维，也反映实在；时间是客观实在的存在形式。黑格尔的唯心主义是在这里，即在时间的概念中（而不是在表象对思维的关系中）。"[1]列宁想说的是，经验主义过于倚重表象，而黑格尔过于倚重思维，走了两个极端，因此黑格尔本人并没有始终坚持自己的辩证法。

列宁在摘下黑格尔关于辩证否定是辩证法精华的论述后，作出了重要的肯定性点评。列宁首先摘下了黑格尔的这样一段话："刚才考察过的否定性，形成概念运动的转折点。这个否定性是自身的否定关系的单纯之点，是一切活动的，即生命的和精神的自己运动的最内在的泉源，是辩证法的灵魂，而所有真实的东西本身都含有这种辩证法的灵魂，并且只有通过它才是真理，因为概念和实在之间的对立的扬弃，以及作为真理的

---

[1]《列宁全集》第 55 卷，人民出版社 2017 年版，第 196—197 页。

统一，完全是以这个主观性为基础的。——第二个否定，即我们达到了的否定的否定，是上述的矛盾的扬弃，可是这种扬弃，和矛盾一样，不是某种外在反思的行动，而是生命和精神的最内在的最客观的环节，由于它，才有主体，个人，自由的个人。"①列宁在"这个否定性是自身的否定关系的单纯之点，是一切活动的，即生命的和精神的自己运动的最内在的泉源，是辩证法的灵魂"的右侧写下了六个字——"辩证法的精华"②。同时，列宁又在"因为概念和实在之间的对立的扬弃，以及作为真理的统一，完全是以这个主观性为基础的"的右侧写下了点评，即"真理的标准（概念和实在的统一）"③。当然，这里讲的真理标准是从逻辑学的角度讲的，而实践是检验真理的标准是从认识论的角度讲的，相同的是，两个角度的看法都包含着辩证否定所推动的过渡。所以，列宁对此作出了整体点评，"这里重要的是：（1）辩证法的特征：自己运动、活动的泉源、生命和精神的运动；主体（人）的概念和实在的一致；（2）最高程度的客观主义（'最客观的环节'）"④。这个点评的前半句很好理解，而后半句所说的"最高程度的客观主义"，则指此前已经论述过的通过辩证运动走向总体性和真理的现实过程。

---

① 《列宁全集》第 55 卷，人民出版社 2017 年版，第 197—198 页。
② 《列宁全集》第 55 卷，人民出版社 2017 年版，第 197 页。
③ 《列宁全集》第 55 卷，人民出版社 2017 年版，第 197 页。
④ 《列宁全集》第 55 卷，人民出版社 2017 年版，第 198 页。

　　列宁在《哲学笔记》中谈到联系和发展的一种重要形态，那就是连续性的中断，即飞跃。主张存在着连续性范畴和非连续性范畴，这是康德哲学思想对黑格尔具有启发性的重要方面，但是黑格尔没有对此加以重点强调，只是评论说康德在结论中阐述了两种范畴。列宁之所以摘抄下相关语句，是因为他要过渡到真正的辩证法，即渐进性和渐进性的中断——飞跃的辩证关系。对于黑格尔来说，真正的辩证方法是在度中首先完成的，因为在他看来质和量的结合就是度，在质的范畴内进行量的积累，量的积累达到一定程度会引起质的飞跃，在度之内的变化具有渐进性，而度的突破就是从一种质到另一种质的飞跃。生活中，量的变化是一个方面，但是这仅仅是变化的一种形式，变化从本质上说，是从一种质向另一种质的过渡。列宁摘下了几句非常重要的关于事物变化不仅有量变也有质变的论述，但他关心的是关于纯粹的量的变化也会过渡到质的变化的观点。列宁尝试把规律和度结合起来，而量变到质变的辩证关系从一般意义看就是规律，因此，他在摘要的右边写了"规律或度"①四个字。虽然从唯物主义的角度看，黑格尔的唯心主义"阐述是很费解的"，但列宁还是抓住了黑格尔阐述的重点："量到质的过渡……渐进性和飞跃""没有飞跃，渐进性就什么也说明不了"②。

---

①《列宁全集》第 55 卷，人民出版社 2017 年版，第 103 页。
②《列宁全集》第 55 卷，人民出版社 2017 年版，第 103 页。

列宁摘下了黑格尔结论性的表述："存在的变化从来都不仅是从一个量过渡到另一个量，而是从质过渡到量和从量过渡到质，是向他物的变易，即渐进过程的中断以及与先前的定在有质的不同的他物。水经过冷却并不是逐渐地变成坚硬的，并不是先成为胶状，然后再逐渐地坚硬到冰的硬度，而是一下子就变成坚硬的。在水已经完全达到了冰点以后，如果仍旧在静止中，它还能全部保持液体状态，但是，只要稍微振动一下，就会使它变成固体状态。"[1]"在道德领域，只要在存在的范围内对道德进行考察，也同样有从量到质的过渡；不同的质是以量的不同为基础的。只要量'多些'或'少些'，轻率行为就会过度，就会出现完全不同的东西，即罪行，并且，公平会过渡到不公平，德行会过渡到恶行。同样，国家也是如此，尽管其他条件都相同，但由于有大小的差别，国家就会具有不同的质的特性……"[2]这里需要说明的是，列宁非常重视这两段话中所阐述的关于量变与质变的辩证关系的观点，特别是关于渐进性的中断即质变的观点，他在第一段话的左侧写下了"渐进性的中断"以及两个加感叹号的"飞跃"[3]，还画了一幅关于渐进性的中断的简图，虽然图画得有些简单，但意思是十分明确的：量变的中断即飞跃，亦即质变。列宁并不认为黑格尔的例证有多么精彩，反而认为"黑格尔把自然界放逐到注释中

①《列宁全集》第 55 卷，人民出版社 2017 年版，第 104 页。
②《列宁全集》第 55 卷，人民出版社 2017 年版，第 105 页。
③《列宁全集》第 55 卷，人民出版社 2017 年版，第 104 页。

去了"的做法体现了"学究气！！"①在"度"这一篇的结尾部分，列宁有个总评："从存在到本质的过渡，叙述得非常费解。"②看起来好像是列宁在责怪黑格尔逻辑演绎的思辨性，实质是批判其唯心主义的目的论，因为列宁是不同意黑格尔所主张的范畴间不断过渡的精神推动力的，范畴运动的动力应该是现实的人的实践，而这是列宁继续阅读《逻辑学》过程中逐渐提出的观点。

四、列宁对辩证法相关问题的再研究

就黑格尔所谈必然性概念，列宁指出："关于'必然性的概念'"，"赫拉克利特不能在'感性确定性'中看到真理——但能在'必然性'……中看到真理"③。为什么可以在必然性中看到真理呢？列宁指出，"必然性='存在的一般性'（存在中的普遍性）（联系）、'绝对的中介'"④。列宁的意思是说，必然性就等于存在的一般性或存在中的普遍性，而普遍性就是内在的联系，或者叫绝对的中介。在这个点评的右侧，列宁摘下了一段话，是专门解释"绝对的中介"的，绝对的中

---

①《列宁全集》第 55 卷，人民出版社 2017 年版，第 103 页。
②《列宁全集》第 55 卷，人民出版社 2017 年版，第 105 页。
③《列宁全集》第 55 卷，人民出版社 2017 年版，第 224 页。
④《列宁全集》第 55 卷，人民出版社 2017 年版，第 224 页。

介指向"绝对的联系"①。

列宁回到黑格尔是有原则的，他指出，"不能原封不动地应用黑格尔的逻辑；不能现成地搬用。要挑选其中逻辑的（认识论的）成分，清除观念的神秘主义：这还要做大量工作"②。列宁也是有感而写，因为此前他看到黑格尔经常把自己的唯心主义强加给古希腊哲学家。可以看出来，列宁对黑格尔的理解也是不断深入的，他不断剥离黑格尔哲学思想的唯心主义外壳，不断深入其辩证法思想。比如，在黑格尔的哲学叙述中，经常出现实存和概念，两者看起来区别很大，但在黑格尔体系中都是被唯心主义地理解的，只要把它们翻译成唯物主义的话语就好理解了："实存和概念在黑格尔那里大概是这样区分的：从联系中单个地取出来的、分割出来的事实（存在），以及联系（概念）、相互关系、联结、规律、必然性。"③这句话，列宁在后文继续解读："感觉表明实在；思想和词表明一般的东西。"④感觉经验认识单个规定性，而概念、思想和词则把握一般东西、普遍联系、规律和必然性。

列宁在读到黑格尔关于精神生产的基本观点时摘下了一大段话，这段话的意思大致是：精神是从自身中创造出来的东西，精神所认可的那种东西，应当是从作为普遍者的精神，即

①《列宁全集》第 55 卷，人民出版社 2017 年版，第 224 页。
②《列宁全集》第 55 卷，人民出版社 2017 年版，第 225 页。
③《列宁全集》第 55 卷，人民出版社 2017 年版，第 228 页。
④《列宁全集》第 55 卷，人民出版社 2017 年版，第 233 页。

作为普遍者而活动的精神中产生出来的，而不是从它的欲望、兴趣、爱好、任性、目的、偏好等中产生出来的。列宁在这段话的右侧点评："说得很好！！"①也就是说，列宁赞同黑格尔反对主观主义的认识论，主张认识论的目的是把握普遍的运动规律。当然，这是列宁透过黑格尔的唯心主义看到的唯物主义观点，如果不经过一次前提颠倒，这个结论是得不出来的。所以，列宁紧接着点评道："聪明的唯心主义比愚蠢的唯物主义更接近于聪明的唯物主义。辩证的唯心主义代替聪明的唯心主义；形而上学的、不发展的、僵死的、粗陋的、不动的代替愚蠢的。"②反过来，列宁批评普列汉诺夫在辩证法问题上的肤浅："普列汉诺夫关于哲学（辩证法）大约写了近1000页（别尔托夫+反对波格丹诺夫+反对康德主义者+基本问题等等、等等）。其中关于大逻辑，关于它、它的思想（即作为哲学科学的辩证法本身）却没有说什么！！"③

黑格尔是直接批判唯物主义的，但是要注意，黑格尔批判的是不能把握总体性因而无法到达事物的客观性认识的唯物主义，就此而言，黑格尔反对主观主义，而极力想达到对事物的客观性认识，这在目标上与真正的唯物主义是一致的。所以，列宁用另一种方式表扬了黑格尔："黑格尔认真地'相信'、认为：唯物主义是不可能作为哲学的，因为哲学是关于思维的

---

① 《列宁全集》第55卷，人民出版社2017年版，第235页。
② 《列宁全集》第55卷，人民出版社2017年版，第235页。
③ 《列宁全集》第55卷，人民出版社2017年版，第236页。

科学，关于一般的科学，而一般就是思想。这里他重复了他历来称之为'坏的'唯心主义的那种主观唯心主义的错误。客观（尤其是绝对）唯心主义拐弯抹角地（而且还翻筋斗式地）紧紧地接近了唯物主义，甚至部分地转变成了唯物主义。"[1]在这段点评的右侧，列宁写的是"黑格尔和辩证唯物主义"[2]。显然，这是列宁对黑格尔辩证法思想的高度肯定，说黑格尔已经非常接近辩证唯物主义了。

关于"一般"这个概念，列宁也作出了分析。从文本内容看，列宁是沿着黑格尔的理解展开的。作为认识的一个阶段的抽象，"一般"并非对事物总体性的认识，但是作为对规律和普遍性的认识，"一般"却可以达到真理。列宁指出，"一般的含义是矛盾的：它是僵死的，它是不纯粹的、不完全的，等等，等等，而且它也只是认识具体事物的一个阶段，因为我们永远不会完全认识具体事物。一般概念、规律等等的无限总和才提供完全的具体事物"[3]。这也就告诉我们，认识过程是辩证地推进的，这个过程会形成无数个彼此相交的圆圈。在标注为"认识的辩证法"的点评中，列宁提到："认识向客体的运动从来只能辩证地进行：为了更准确地前进而后退——为了更好的跃进（认识？）而后退。相合线和相离线：彼此相交的圆

---

① 《列宁全集》第 55 卷，人民出版社 2017 年版，第 237 页。
② 《列宁全集》第 55 卷，人民出版社 2017 年版，第 237 页。
③ 《列宁全集》第 55 卷，人民出版社 2017 年版，第 239 页。

圈。交错点=人的和人类历史的实践。"①列宁在这一点评中塞进了"实践",把这里提到的圆圈的交错点直接明确为"实践"。为了进一步说明,列宁指出:"这些交错点是矛盾的统一,就是说,在运动(=技术、历史等等)的某些环节上,存在和非存在这两个消逝着的环节在一瞬间相符合。"②

列宁还阅读了诺埃尔的《黑格尔的逻辑学》一书,并摘要了不少段落,大部分还是围绕之前关注的逻辑学和认识论问题。关于该书的摘要,有几个方面值得我们注意。第一,列宁发现诺埃尔不提唯物主义辩证法,他点评道:"对唯物主义辩证法只字不提:想必是作者对唯物主义辩证法一无所知。"③第二,列宁认为诺埃尔是为黑格尔的唯心主义辩护的,"驳斥那种说黑格尔哲学是'实在论'(应读做:唯物主义)的指责"④,但是却有些可笑,因为他的论证反而偏向唯物主义。列宁指出:"在黑格尔那里,'哲学整个说来是三段论法。正是在这种三段论法中,逻辑是普遍,自然界是特殊,而精神是个别'。作者'分析'(=咀嚼)逻辑学中最后关于从观念向自然界过渡的那几句话。结论是:智慧通过自然界(在自然界中)认识观念=规律性、抽象等等……不得了啦!差不多是唯物主义了!!……"⑤这里

---

① 《列宁全集》第 55 卷,人民出版社 2017 年版,第 239 页。
② 《列宁全集》第 55 卷,人民出版社 2017 年版,第 240 页。
③ 《列宁全集》第 55 卷,人民出版社 2017 年版,第 279 页。
④ 《列宁全集》第 55 卷,人民出版社 2017 年版,第 280 页。
⑤ 《列宁全集》第 55 卷,人民出版社 2017 年版,第 280—281 页。

有两点需要我们注意：其一，实在论在列宁看来就是唯物主义；其二，主体通过自然界认识规律，这已经是唯物主义了，这也是列宁说诺埃尔可笑的原因。第三，列宁明确指出自由是对必然性的理解："黑格尔的庸俗化者诺埃尔在侈谈道德、自由等等的时候丝毫没有谈到自由是对必然性的理解。"①

在关于拉萨尔的《爱非斯的晦涩哲人赫拉克利特的哲学》一书的摘要中，列宁关注的几个要点值得我们分析和解读。其一，马克思经由黑格尔、费尔巴哈，从唯心主义辩证法发展到唯物主义辩证法。列宁指出："在马克思那里有很多新东西，他感兴趣的只是从黑格尔和从费尔巴哈继续前进，从唯心主义辩证法向唯物主义辩证法前进。"②另一句话则直接指出了马克思思想发展的时间节点："马克思在 1844—1847 年离开黑格尔走向费尔巴哈，又超过费尔巴哈走向历史（和辩证）唯物主义。"③列宁对马克思走向辩证唯物主义和历史唯物主义的时间指认是有文本依据的，这是他一再提及马克思的《关于费尔巴哈的提纲》的重要原因。其二，可以把赫拉克利特看作辩证法的奠基人。列宁指出："如果恰如其分地把赫拉克利特作为辩证法的奠基人之一来阐述，那是非常有益的；应当把拉萨尔的 850 页精简成 85 页，并译成俄文：《赫拉克利特是辩证法的奠基人之一（在拉萨尔看来）》。这样就会成为有用的

①《列宁全集》第 55 卷，人民出版社 2017 年版，第 285 页。
②《列宁全集》第 55 卷，人民出版社 2017 年版，第 293 页。
③《列宁全集》第 55 卷，人民出版社 2017 年版，第 293 页。

东西！"①这显然是在讽刺拉萨尔，同时肯定了赫拉克利特的辩证法思想。其三，赫拉克利特已经把握住了辩证法的核心和本质。列宁指出："在赫拉克利特看来，世界的基本规律（逻各斯，有时是必然性）是'向对立面转化的规律'。"②列宁高度评价赫拉克利特关于运动发展的观点，强调以下这段话是"对辩证唯物主义原理的绝妙的说明"："世界是万物的整体，它不是由任何神或任何人所创造的，它过去、现在和将来都是按规律燃烧着、按规律熄灭着的永恒的活火……"③其四，认识论和辩证法是基于各门科学的历史而建构起来的，这也是列宁对认识论和辩证法由以产生的知识领域的确定。列宁列举了多种学科史，包括哲学的历史、各门科学的历史、儿童智力发展的历史、动物智力发展的历史、语言的历史，以及心理学、生理学的历史，然后强调："这些就是认识论和辩证法应当从中形成的知识领域"，"简单地说，就是整个认识的历史"④。

①《列宁全集》第 55 卷，人民出版社 2017 年版，第 296 页。
②《列宁全集》第 55 卷，人民出版社 2017 年版，第 296 页。
③《列宁全集》第 55 卷，人民出版社 2017 年版，第 299 页。
④《列宁全集》第 55 卷，人民出版社 2017 年版，第 302 页。

第七章 唯物辩证法的话语体系建构

基于马克思主义的唯物主义立场，列宁指出了黑格尔走入唯心主义的原因，批判了黑格尔辩证法的不彻底性，并开始尝试建构唯物主义辩证法的科学理论体系。辩证法"十六条要素"是唯物主义辩证法建构的初始版本，《谈谈辩证法问题》则从辩证法的普遍联系和永恒发展观出发，揭示了黑格尔滑向唯心主义和主观主义的主要原因。

一、对黑格尔唯心主义辩证法的批判

黑格尔把辩证法看作是逻辑学和认识论的重要方法。列宁在阅读黑格尔的《逻辑学》时指出："现在还待考察的，据说已经不是内容，而是'……它的形式的普遍东西——即方法'。"[1]黑格尔认为，在探索的认识中，方法也就是工具，主体通过这个工具或手段与客体相联系；在真理的认识中方法不仅是大量的已知规定，而且是概念的自在自为的规定性。在此，列宁摘下了黑格尔的一段关于方法的论述："绝对的方法

---

[1]《列宁全集》第55卷，人民出版社2017年版，第188页。

〈即认识客观真理的方法〉不是呈现为外在的反思，而是从它的对象自身中取得规定的东西，因为这个方法本身就是对象的内在原则和灵魂。——这就是柏拉图对认识的要求，即要考察自在自为的事物本身，一方面要从事物的普遍性去考察，另一方面也不要脱离事物，去抓枝节、实例和对比，而是要注意这些事物，并且要意识到它们的内在的东西……"①那么，这种方法是什么呢？列宁告诉我们这种方法就是分析和综合的方法，而分析和综合的方法是"辩证法的规定之一"②。这样逻辑上就清晰了，逻辑学的方法是辩证法，其中包含着分析和综合的方法，这种方法是接近事物总体性并走向真理的方法。接着，列宁摘下了黑格尔的一句针对性阐释："这个既是分析的又是综合的判断的环节，——由于它〈环节〉，最初的一般性[一般概念]从自身中把自己规定为自己的他物，——应当叫做辩证的环节。"③这就清楚地告诉我们，列宁为什么把分析和综合也算作辩证法的要素了，因为分析和综合就是辩证法的环节。

在《逻辑学》的最后部分，黑格尔指出，因为观念把自己设定为纯概念与其实在性的绝对统一，从而使自己集聚为存在的直接性，所以，观念作为具有这个形式的总体，就是自然界。列宁读到这里，指出："《逻辑学》最后一页即第353页上的这句话，妙不可言。逻辑观念向自然界的过渡。唯物主义近在

---

① 《列宁全集》第55卷，人民出版社2017年版，第189页。
② 《列宁全集》第55卷，人民出版社2017年版，第189页。
③ 《列宁全集》第55卷，人民出版社2017年版，第190页。

咫尺。恩格斯说得对，黑格尔的体系是颠倒过来的唯物主义。这不是逻辑学的最后一句话，不过，往下直到这一页的末尾都不重要。"①接着，列宁对黑格尔的《逻辑学》作出了整体点评："妙就妙在：关于'绝对观念'的整整一章，几乎没有一句话讲到神（差不多只有一次偶然漏出了'神的''概念'），此外——注意这点——几乎没有专门把唯心主义包括在内，而是把辩证的方法作为自己主要的对象。黑格尔逻辑学的总结和概要、最高成就和实质，就是辩证的方法，——这是绝妙的。还有一点：在黑格尔这部最唯心的著作中，唯心主义最少，唯物主义最多。'矛盾'，然而是事实！"②

在读到黑格尔分析柏拉图哲学思想的文本时，列宁对黑格尔的唯心主义作出了分析："黑格尔不厌其详地叙述柏拉图的'自然哲学'，荒谬透顶的理念的神秘主义，例如：'感性事物的本质是三角形'以及诸如此类的神秘主义的胡说。这是非常典型的！神秘主义者—唯心主义者—唯灵论者黑格尔（也像我们时代的一切御用的、僧侣主义—唯心主义的哲学一样）吹捧和咀嚼哲学史中的神秘主义——唯心主义；忽略和蔑视唯物主义。参看黑格尔论德谟克利特——没有说什么！！而关于柏拉图则讲了一大堆神秘主义的陈词滥调。"③在这段话的右侧，

---

① 《列宁全集》第 55 卷，人民出版社 2017 年版，第 202 页。
② 《列宁全集》第 55 卷，人民出版社 2017 年版，第 202—203 页。
③ 《列宁全集》第 55 卷，人民出版社 2017 年版，第 241 页。

列宁追加点评"黑格尔（和柏拉图）的唯心主义和神秘主义"①。

黑格尔也是辩证法的主张者，那他走向唯心主义错误的关键是什么呢？列宁指出："辩证法的拥护者黑格尔不能理解从物质到运动、从物质到意识的辩证的过渡——尤其不能理解后一种过渡。马克思纠正了这个神秘主义者的错误（或弱点？）。"②列宁为了强调，用了另一句话加以追述："不仅从物质到意识的过渡是辩证的，而且从感觉到思想的过渡等等也是辩证的。"③不仅如此，列宁还对这句话中的"过渡"进一步加以说明："辩证的过渡和非辩证的过渡的区别何在？在于飞跃。在于矛盾性。在于渐进过程的中断。在于存在和非存在的统一（同一）。"④

但是，列宁在这里批判的重点还是黑格尔的唯心主义，因此，他一再把黑格尔用唯心主义话语表达的观点翻译成唯物主义认识论的观点："'在自然界中'，概念并不存在'于这种自由中'（人的思想和幻想的自由中！！）。'在自然界中'，它们，概念，是'有血有肉'的。——这点极妙！而这也就是唯物主义。人的概念就是自然界的灵魂，——这只不过是神秘主义地转述下面的话：自然界独特地（注意这一点：独特地和

---

① 《列宁全集》第 55 卷，人民出版社 2017 年版，第 241 页。
② 《列宁全集》第 55 卷，人民出版社 2017 年版，第 243 页。
③ 《列宁全集》第 55 卷，人民出版社 2017 年版，第 243 页。
④ 《列宁全集》第 55 卷，人民出版社 2017 年版，第 244 页。

辩证地！！）反映在人的概念中。"①更加重要的是，列宁在此再次强调了唯物主义与唯心主义的区别："概念与经验、感觉的'综合'、总括、总结之间的一致，在各派哲学家看来都是毫无疑问的。这种一致来自何处？是来自上帝（自我、观念、思想等等、等等）还是来自（出于）自然界？恩格斯在问题的提法上是正确的。"②关于唯物主义与唯心主义的区别，恩格斯在《路德维希·费尔巴哈和德国古典哲学的终结》一书中，以解答哲学基本问题的方式作出了阐释，这是列宁在此提及恩格斯的根本原因。

但是，从黑格尔哲学思想所蕴含的历史观来看，其中包含着历史唯物主义的胚芽，列宁以"在黑格尔那里有历史唯物主义的胚芽"点评了黑格尔的一段关于主体人通过实践方式与自然界发生关系的理论范式："'人为了自己的需要，以实践的方式同外部自然界发生关系；他借助自然界来满足自己的需要，征服自然界，同时起着中间人的作用。问题在于：自然界的对象是强有力的，而且进行种种的反抗。为了征服它们，人在它们中间加进另外一些自然物，这样，人就使自然界反对自然界本身，为了这个目的而发明工具。人类的这些发明是属于精神的，所以应当把这种工具看得高于自然界的对象……旨在征服自然界的人类发明的荣誉是属于神的'（在希腊人看来）。"③

---

① 《列宁全集》第 55 卷，人民出版社 2017 年版，第 245 页。
② 《列宁全集》第 55 卷，人民出版社 2017 年版，第 245—246 页。
③ 《列宁全集》第 55 卷，人民出版社 2017 年版，第 274 页。

在这段摘要的左侧，列宁写着七个字即"黑格尔和马克思"①。

读到这里，列宁对黑格尔的《历史哲学讲演录》作出了总的评价："总之，历史哲学所提供的东西非常之少——这是可以理解的，因为正是在这里，正是在这个领域中，在这门科学中，马克思和恩格斯向前迈了最大的一步。而黑格尔在这里则已经老了，成了古董。"②之所以有这一评价，主要原因有二：一是列宁的关注点还是在辩证法上，因此关于其他问题的讨论他关注不多；二是黑格尔归根到底是个唯心主义者，即使讨论历史也是戴着唯心主义的有色眼镜。列宁指出的马克思、恩格斯对黑格尔历史观的超越，是可以明确指认的哲学思想进步，他的这一评价更是对辩证唯物主义和历史唯物主义的肯定。

那么，能不能从以上言论中就得到一个关于辩证法的科学定义呢？在此，列宁作出了一次尝试，他自问自答："辩证法是什么？"等于"概念的相互依赖""一切概念的毫无例外的相互依赖""一个概念向另一个概念的过渡""一切概念的毫无例外的过渡。概念之间对立的相对性……概念之间对立面的同一"③。列宁觉得还不够精炼，所以在这段话的右侧又加了一个提醒"=注意：每一个概念都处在和其余一切概念的一定关系中、一定联系中"④。在这里列宁用了等于号，也就是说

---

① 《列宁全集》第 55 卷，人民出版社 2017 年版，第 274 页。
② 《列宁全集》第 55 卷，人民出版社 2017 年版，第 277 页。
③ 《列宁全集》第 55 卷，人民出版社 2017 年版，第 167 页。
④ 《列宁全集》第 55 卷，人民出版社 2017 年版，第 167 页。

这就是辩证法。但是非常有意思的是，在这两段关于辩证法是什么的界说的右下角，列宁打了一个大大的"×"，也就是说，列宁推翻了这个关于辩证法的定义。这又是为什么呢？其实原因很简单，这个界定跟黑格尔从唯心主义前提出发作出的定义并无差异，没有体现唯物主义辩证法的特质。这就是在之后的阅读中，列宁对辩证法加以重新界定的根本原因。

二、辩证法体系初始版——"十六条要素"

列宁尝试用自己的话语对辩证法的要素进行概括，有意思的是，他在摘录本上连续写下了两个版本的辩证法要素。前一个版本是简版，高度概括了辩证法的三大要素或三个环节；而在第二个版本里，列宁对第一个版本进行了扩充，这就是著名的辩证法"十六条要素"。

我们先来看第一个版本，列宁是这么说的：

规定不是明确的！！

（1）来自概念自身的概念的规定[应当从事物的关系和事物的发展去考察事物本身]；

（2）事物本身中的矛盾性（自己的他物），一切现象中的矛盾的力量和倾向；

（3）分析和综合的结合。

大概这些就是辩证法的要素。[1]

---

[1]《列宁全集》第 55 卷，人民出版社 2017 年版，第 190 页。

　　这个简版的辩证法要素，包括三大要素：第一个要素是辩证法的目的要求，即按照事物本来面目认识事物。在方括号里，列宁把事物的关系和事物的发展作为核心内涵。第二个要素是把握事物的矛盾性，包括矛盾的力量和倾向。第三个要素是分析和综合的结合，即在分析事物各种规定性的基础上进行综合，从而达到对事物总体性的认识，即达到真理。显而易见，从认识过程看，这三个要素是通过辩证法达到对事物真理性认识的三个环节。但是，基于此前对黑格尔的《逻辑学》的详尽阅读，加之对唯物主义辩证法和认识论的了解，列宁认为三要素的说明显得有些简单，从根本上说，三要素版本没有突出对立统一这一辩证法的核心和本质。

　　所以，他马上就对三要素说进行了扩展，"也许可以比较详细地把这些要素表述如下"①。

　　（1）考察的客观性（不是实例，不是枝节之论，而是自在之物本身）。

　　（2）这个事物对其他事物的多种多样的关系的全部总和。

　　（3）这个事物（或现象）的发展、它自身的运动、它自身的生命。

　　（4）这个事物中的内在矛盾的倾向（和#方面）。#

　　（5）事物（现象等等）是对立面的总和与统一。

　　（6）这些对立面、矛盾的趋向等等的斗争或展开。

①《列宁全集》第55卷，人民出版社2017年版，第190页。

（7）分析和综合的结合，——各个部分的分解和所有这些部分的总和、总计。

×（8）每个事物（现象等等）的关系不仅是多种多样的，并且是一般的、普遍的。每个事物（现象、过程等等）是和其他的每个事物联系着的。

（9）不仅是对立面的统一，而且是每个规定、质、特征、方面、特性向每个他者[向自己的对立面？]的过渡。

（10）揭示新的方面、关系等等的无限过程。

（11）人对事物、现象、过程等等的认识深化的无限过程，从现象到本质、从不甚深刻的本质到更深刻的本质；

（12）从并存到因果性以及从联系和相互依存的一个形式到另一个更深刻更一般的形式。

（13）在高级阶段重复低级阶段的某些特征、特性等等，并且

（14）仿佛是向旧东西的复归（否定的否定）。

（15）内容对形式以及形式对内容的斗争。抛弃形式、改造内容。

（16）从量到质和从质到量的过渡。（（15和16是9的实例））①

在辩证法"十六条要素"的旁边，列宁画了一条长长的双细线，在线的另一侧写下了六个字——"辩证法的要素"②。虽然列宁在"十六条要素"上做了两种记号"×""#"，想把相

---

① 《列宁全集》第55卷，人民出版社2017年版，第190—191页。
② 《列宁全集》第55卷，人民出版社2017年版，第190页。

关的条目对应起来，如"#"是相关矛盾的条目，但从总体性看，列宁写这十六条，重点关注的问题是辩证法到底是以什么为核心和本质。基于对黑格尔逻辑学的分析，列宁已经认识到，事物普遍联系的规定性是由事物的本质决定的，而作为规定的总和或总体性是认识过程达到的目标，因此关键是如何在分析这些规定性的基础上推进到这个目标。列宁认为，这个推进过程的动力及其表现形式最重要，而动力及其表现形式就是辩证法的核心和本质，即矛盾的对立统一。所以列宁指出："可以把辩证法简要地规定为关于对立面的统一的学说。这样就会抓住辩证法的核心，可是这需要说明和发挥。"①

三、从规律到方法——《谈谈辩证法问题》

在《谈谈辩证法问题》中，列宁尝试建构更为具体且全面的唯物主义辩证法体系，其重要性在于不仅概括出了唯物主义辩证法的核心和本质，而且整个体系框架都贯穿着逻辑学、认识论和辩证法的"三同一"思想。更为重要的是，列宁从理论一般性阐释过渡到共产党人的唯物主义思想方法和工作方法的系统阐释，实质上已经孕育着实事求是、辩证思维等重要的思想方法和工作方法。

第一，对立统一是辩证法的实质。列宁指出："统一物之

---

① 《列宁全集》第 55 卷，人民出版社 2017 年版，第 192 页。

分为两个部分以及对它的矛盾着的部分的认识，是辩证法的实质（是辩证法的'本质'之一，是它的基本的特点或特征之一，甚至可说是它的基本的特点或特征）。黑格尔也正是这样提问题的。"①列宁告诉我们，这样说既有哲学史作为支撑，也有科学史的检验："辩证法内容的这一方面的正确性必须由科学史来检验。对于辩证法的这一方面，通常（例如在普列汉诺夫那里）没有予以足够的注意：对立面的同一被当做实例的总和（'例如种子'；'例如原始共产主义'。恩格斯也这样做过。但这是'为了通俗化'……）而不是当做认识的规律（以及客观世界的规律）。在数学中，+和−，微分和积分。在力学中，作用和反作用。在物理学中，正电和负电。在化学中，原子的化合和分解。在社会科学中，阶级斗争。"②在《哲学笔记》的多个地方，列宁关注到黑格尔不同意用数学作为逻辑学建构的基本假设，但却使用了多个学科领域的例证。列宁提过用自然科学和历史科学的例证，看来他是同意这样做的。用举例方法的好处是可以覆盖所有学科和领域，使论证直接接受多学科多领域事实的验证，但也存在一个缺陷，那就是不能有效阐释知识的普遍性与必然性问题，因此，列宁用实践作为关于事物某个方面规定性认识是否正确的标准，而且强调了认识过程的不同阶段性。

---

① 《列宁全集》第 55 卷，人民出版社 2017 年版，第 305 页。
② 《列宁全集》第 55 卷，人民出版社 2017 年版，第 305—306 页。

　　接着，列宁就对立统一是什么意思展开分析和讨论，他指出："对立面的同一（它们的'统一'，也许这样说更正确些？虽然同一和统一这两个术语的差别在这里并不特别重要。在一定意义上二者都是正确的），就是承认（发现）自然界的（也包括精神的和社会的）一切现象和过程具有矛盾着的、相互排斥的、对立的倾向。要认识在'自己运动'中、自生发展中和蓬勃生活中的世界一切过程，就要把这些过程当做对立面的统一来认识。发展是对立面的'斗争'。"[①]这里的内容是非常丰富的：其一，对立统一是自然界、人类社会和精神领域的普遍性规律；其二，认识事物首先要抓住对立统一的基本动力；其三，发展的本质是对立面的斗争。

　　那么作为发展本质的对立面的斗争是以什么形式表现出来的呢？列宁指出："有两种基本的（或两种可能的？或两种在历史上常见的？）发展（进化）观点：认为发展是减少和增加，是重复；以及认为发展是对立面的统一（统一物之分为两个互相排斥的对立面以及它们之间的相互关系）。"[②]列宁加了很多括号，很重要的一个原因是，他要提出一些新的概念和范畴，因此还在比较和提升，这些括号给我们作出了很好的内容上的提示，是我们解读列宁文本的重要依据。列宁认为，关于发展的这两种观点是有区别的，这就是后来我们在教科书里

───────────────

[①]《列宁全集》第 55 卷，人民出版社 2017 年版，第 306 页。
[②]《列宁全集》第 55 卷，人民出版社 2017 年版，第 306 页。

读到的关于运动的形而上学的和辩证的两种不同观点。列宁说："按第一种运动观点，自己运动，它的动力、它的泉源、它的动因都被忽视了（或者这个泉源被移到外部——移到上帝、主体等等那里去了）；按第二种观点，主要的注意力正是放在认识'自己'运动的泉源上。"①前者是形而上学的运动观，后者是辩证的发展观。列宁还作出了进一步解释："第一种观点是僵死的、平庸的、枯燥的。第二种观点是活生生的。只有第二种观点才提供理解一切现存事物的'自己运动'的钥匙，才提供理解'飞跃'、'渐进过程的中断'、'向对立面的转化'、旧东西的消灭和新东西的产生的钥匙。"②也就是说，形而上学的运动观不能提供事物运动发展的正确解释，而辩证发展观则为理解运动和发展提供了正确的方式，能够对事物运动的动力、运动的形态或形式作出正确的理解。

在此，列宁在一般性意义上就对立与统一的普遍性特征作出了理解。列宁指出："对立面的统一（一致、同一、均势）是有条件的、暂时的、易逝的、相对的。相互排斥的对立面的斗争是绝对的，正如发展、运动是绝对的一样。"③对立面的统一与对立面的斗争具有不一样的普遍性特征，统一是相对的，对立是绝对的。列宁指出了关于对立和统一辩证关系理解上的辩证法："注意：顺便说一下，主观主义（怀疑论和诡辩论等

---

① 《列宁全集》第 55 卷，人民出版社 2017 年版，第 306 页。
② 《列宁全集》第 55 卷，人民出版社 2017 年版，第 306 页。
③ 《列宁全集》第 55 卷，人民出版社 2017 年版，第 306 页。

等）和辩证法的区别在于：在（客观）辩证法中，相对和绝对的差别也是相对的。对于客观辩证法说来，相对中有绝对。对于主观主义和诡辩论说来，相对只是相对，因而排斥绝对。"[1]也就是说，刚才提到的关于统一的相对性和对立的绝对性的理解也应该是辩证的，对立和统一在事物运动过程中也可以相互转化。

第二，对立统一规律是理解个别和一般的辩证关系的钥匙。列宁基于对辩证法实质的理解，进一步对个别和一般的辩证关系加以分析。这种分析的重要性在于，列宁在尝试用唯物主义辩证法创新性解读黑格尔逻辑学中概念的过渡和逻辑推演，而不再拘泥于黑格尔本人的辩证法范式。列宁指出："马克思在《资本论》中首先分析资产阶级社会（商品社会）里最简单、最普通、最基本、最常见、最平凡、碰到过亿万次的关系：商品交换。这一分析从这个最简单的现象中（从资产阶级社会的这个'细胞'中）揭示出现代社会的一切矛盾（或一切矛盾的萌芽）。往后的叙述向我们表明这些矛盾和这个社会——在这个社会的各个部分的总和中、从这个社会的开始到终结——的发展（既是生长又是运动）。"[2]这里讲的内容实际上是黑格尔逻辑学中从认识的直接性实存到把握事物总体性，从而达到真理的过程，但列宁的相关表述已经不再直接使

---

① 《列宁全集》第 55 卷，人民出版社 2017 年版，第 306—307 页。

② 《列宁全集》第 55 卷，人民出版社 2017 年版，第 307 页。

用黑格尔的初始话语。

列宁用实例对他自己阐述的个别和一般的辩证关系作进一步的分析："一般辩证法的阐述（以及研究）方法也应当如此（因为资产阶级社会的辩证法在马克思看来只是辩证法的局部情况）。从最简单、最普通、最常见的等等东西开始；从任何一个命题开始，如树叶是绿的，伊万是人，茹奇卡是狗等等。在这里（正如黑格尔天才地指出过的）就已经有辩证法：个别就是一般。这就是说，对立面（个别跟一般相对立）是同一的：个别一定与一般相联而存在。一般只能在个别中存在，只能通过个别而存在。任何个别（不论怎样）都是一般。任何一般都是个别的（一部分，或一方面，或本质）。任何一般只是大致地包括一切个别事物。任何个别都不能完全地包括在一般之中，如此等等。任何个别经过千万次的过渡而与另一类的个别（事物、现象、过程）相联系，如此等等。这里已经有自然界的必然性、客观联系等概念的因素、胚芽了。这里已经有偶然和必然、现象和本质，因为我们在说伊万是人，茹奇卡是狗，这是树叶等等时，就把许多特征作为偶然的东西抛掉，把本质和现象分开，并把二者对立起来。"①这段话看起来平淡无奇，但却包含着列宁的理论创新，他用刚刚提出来的对立统一观解释了由现象到本质的认识论路线。

在阶段性结论中，列宁在逻辑学、认识论和辩证法的同一

①《列宁全集》第 55 卷，人民出版社 2017 年版，第 307—308 页。

理念中阐释了被颠倒过来的黑格尔辩证法思想："可见，在任何一个命题中，很像在一个'单位'（'细胞'）中一样，都可以（而且应当）发现辩证法一切要素的胚芽，这就表明辩证法本来是人类的全部认识所固有的。而自然科学则向我们揭明（这又是要用任何极简单的实例来揭明）客观自然界也具有同样的性质，揭明个别向一般的转变，偶然向必然的转变，对立面的过渡、转化、相互联系。辩证法也就是（黑格尔和）马克思主义的认识论：正是问题的这一'方面'（这不是问题的一个'方面'，而是问题的实质）普列汉诺夫没有注意到，至于其他的马克思主义者就更不用说了。"①颠倒过来的黑格尔辩证法也就是马克思主义的唯物主义辩证法，也是马克思主义的认识论。列宁说，这对于普列汉诺夫等人来说，仍然是理论的空场。

第三，唯物主义辩证法在认识论中的正确运用。《谈谈辩证法问题》在内容上分为两大部分，前一部分是列宁关于辩证法的创新性理解，后一部分则是讲唯物主义辩证法在认识论中的运用，列宁用三个"*"②对两部分内容进行了分隔。在星号之后的叙述中，列宁讲了以下三个大问题。

其一，哲学史上思想发展的几个"圆圈"即否定之否定的思想发展阶段。列宁指出："不论是黑格尔（见《逻辑学》），不论是自然科学中现代的'认识论者'、折中主义者、黑格尔

---

① 《列宁全集》第 55 卷，人民出版社 2017 年版，第 308 页。
② 《列宁全集》第 55 卷，人民出版社 2017 年版，第 308 页。

主义的敌人（他不懂黑格尔主义！）保尔·福尔克曼都把认识看做一串圆圈。"①这是从人类认知发展阶段的视角一般性地讲思想进步的圆圈。接着，列宁谈哲学史上出现过的多个圆圈："哲学上的'圆圈'：（是否一定要以人物的年代先后为顺序呢？不！）古代：从德谟克利特到柏拉图以及赫拉克利特的辩证法。文艺复兴时代：笛卡儿对伽桑狄（斯宾诺莎？）。近代：霍尔巴赫——黑格尔（经过贝克莱、休谟、康德）；黑格尔——费尔巴哈——马克思。"②列宁的意思是，从辩证法发展史的视角来看，这些哲学思想发展过程中出现的圆圈，充分体现了思想发展的否定之否定的过程。

其二，辩证唯物主义把辩证法运用于认识论是正确的做法。列宁首先指出辩证法本来就是帮助人们不断接近现实的科学方法，"辩证法是活生生的、多方面的（方面的数目永远增加着的）认识，其中包含着无数的各式各样观察现实、接近现实的成分"③。列宁讲到这里，加了一个小括号，强调指出辩证法包含着"从每个成分发展成整体的哲学体系"④。同时，列宁还批判了"形而上学"唯物主义未能把辩证法应用于认识过程的错误做法："这就是它（指辩证法——引者注）比起'形而上学的'唯物主义来所具有的无比丰富的内容，而形而上学

---

① 《列宁全集》第 55 卷，人民出版社 2017 年版，第 308 页。
② 《列宁全集》第 55 卷，人民出版社 2017 年版，第 308 页。
③ 《列宁全集》第 55 卷，人民出版社 2017 年版，第 308 页。
④ 《列宁全集》第 55 卷，人民出版社 2017 年版，第 311 页。

的唯物主义的根本缺陷就是不能把辩证法应用于反映论，应用于认识的过程和发展。"①这里的"形而上学的"唯物主义，从列宁的提示看，其倡导者应该包括费尔巴哈、普列汉诺夫等人。

其三，主观主义和主观盲目性是唯心主义的认识论根源。列宁依据对待哲学唯心主义的不同态度，进一步解释了形而上学唯物主义与辩证唯物主义的区别："从粗陋的、简单的、形而上学的唯物主义的观点看来，哲学唯心主义不过是胡说。相反地，从辩证唯物主义的观点看来，哲学唯心主义是把认识的某一特征、某一方面、某一侧面，片面地、夸大地、überschwengliches（狄慈根）发展（膨胀、扩大）为脱离了物质、脱离了自然的、神化了的绝对。唯心主义就是僧侣主义。这是对的。但（'更确切些'和'除此而外'）哲学唯心主义是经过人的无限复杂的（辩证的）认识的一个成分而通向僧侣主义的道路。"②

那么，哲学唯心主义到底错在哪里呢？列宁以事物的总体性认识为例作出论证，强调主观主义和主观盲目性就是唯心主义的认识论根源："人的认识不是直线（也就是说，不是沿着直线进行的），而是无限地近似于一串圆圈、近似于螺旋的曲线。这一曲线的任何一个片断、碎片、小段都能被变成（被片面地变成）独立的完整的直线，而这条直线能把人们（如果只

---

① 《列宁全集》第 55 卷，人民出版社 2017 年版，第 311 页。
② 《列宁全集》第 55 卷，人民出版社 2017 年版，第 311 页。

见树木不见森林的话）引到泥坑里去，引到僧侣主义那里去（在那里统治阶级的阶级利益就会把它巩固起来）。直线性和片面性，死板和僵化，主观主义和主观盲目性就是唯心主义的认识论根源。而僧侣主义（＝哲学唯心主义）当然有认识论的根源，它不是没有根基的，它无疑是一朵无实花，然而却是生长在活生生的、结果实的、真实的、强大的、全能的、客观的、绝对的人类认识这棵活树上的一朵无实花。"①这里的后半句很重要，列宁借此告诉我们，哲学唯心主义也是对现实生活的反映，它也有现实的基础，但夸大了现实的某些规定性，而最终忘记了辩证法。黑格尔的唯心主义哲学体系就是如此，虽然唯心主义体系中包含着丰富的辩证法思想，但是唯心主义最终窒息了辩证法。

《谈谈辩证法问题》是《哲学笔记》的总结部分，也是列宁在批判性阅读黑格尔有关逻辑学和哲学史主题文本的基础上，提出来的关于唯物主义辩证法理论体系建构的一种尝试，在马克思主义哲学发展史上具有重要的理论意义。《谈谈辩证法问题》关于辩证法的实质即对立统一的理解，是马克思主义中国化时代化的重要理论资源；《谈谈辩证法问题》关于在认识论中运用唯物主义辩证法的观点，至今仍然是中国共产党人批判主观主义（包括经验主义和教条主义）和形而上学错误倾向的重要理论依据。

①《列宁全集》第 55 卷，人民出版社 2017 年版，第 311 页。

第八章　《哲学笔记》思想在新时代的
运用和发展

　　《哲学笔记》是马克思主义哲学时代化的重要实验室，是唯物主义辩证法的思想宝库，也是新时代中国共产党人科学方法论建构的重要理论资源。辩证唯物主义与历史唯物主义是马克思主义哲学的重要组成部分，列宁在《哲学笔记》中同时阐释了这两个重要组成部分，而重点是推进建构辩证唯物主义理论体系。辩证唯物主义理论体系当中，理所当然地包含着辩证唯物主义和唯物主义辩证法，但两者内涵不同，前者是辩证法考察的基本前提，后者则是辩证唯物主义的核心内涵。从唯物主义前提看，列宁在 1908 年写下的《唯物主义和经验批判主义》已经完成了辩证唯物主义基本前提的建构，但是他此时对于辩证法的理解还主要停留在俄国人翻译的关于马克思、恩格斯的辩证法的理解层面上。问题是俄国人翻译过来的辩证法其理解本身带有一定的僵化和抽象性，这种僵化和抽象性直到列宁阅读完黑格尔的《逻辑学》才开始消解，由此使得列宁对马克思主义辩证法的理解一下子超过了普列汉诺夫等人。列宁关于考察的客观性观点、"三同一"思想、辩证法的实质论等，是中国革命、建设与改革时期不断开辟马克思主义中国化时代化新境界的重要理论资源。毛泽东的《矛盾论》开篇即是："事物的矛盾法则，即对立统一的法则，是唯物辩证法的最根本的法则。列宁说：'就本来的意义讲，辩证法是研究对象的本质自身中的矛盾。'列宁常称这个法则为辩证法的本质，又称之为辩证法的核心。"①列宁在《哲学笔记》中重点阐释的普遍联系观点、总体性观点，毫无疑问又是中国共产党人在总结历史经验的基础上概括提升出系统观念的重要理论资源。这样的例子，举不胜举。更为重要的是，列宁重点建构的"三同一"思想，实际上是主观主义与形而上学的解毒剂，因此，也是建构中国特色话语体系的重要理念与科学方法论。

一、反对主观主义的理论指引

主观主义包括教条主义和经验主义，其本质都是主观与客观相分离，在实际工作中体现为理论脱离实际。列宁在《哲学笔记》中，谈到黑格尔批判康德时，已经在哲学层面上对此作出分析，他强调"反对主观主义"就是"反对自在之物同现象的割裂"②，这里的"自在之物"指向的就是主体在理性层面

①《毛泽东选集》第 1 卷，人民出版社 1991 年版，第 299 页。
②《列宁全集》第 55 卷，人民出版社 2017 年版，第 125 页。

把握的事物本质，而"现象"指向的就是现实事物的表象。同时，在《哲学笔记》中，列宁一再强调，在解读黑格尔的文本时，必须批判其唯心主义抽象，并回到从现实出发的唯物主义立场。更为重要的是，列宁在批判性分析黑格尔的唯心主义辩证法观点时，区分了抽象的主观辩证法、外观辩证法与客观辩证法，从辩证法一般性质的角度界说了主观辩证法的限度，为我们走向实事求是提供了哲学前提。

1. 唯物主义基本原则的深度诠释

在黑格尔体系中，是看不到存在决定思维的唯物主义界定的，但是黑格尔以唯心主义话语表达了人类认知必然从实存出发的观点。列宁在《哲学笔记》中把多处实存"翻译"成马克思主义的"存在"或费尔巴哈的"自然界"，强调了唯物主义的基本立场。列宁的观点既坚持了马克思主义一般唯物主义的基本原则，又进行了重要的理论创新。

列宁是深谙恩格斯在《路德维希·费尔巴哈和德国古典哲学的终结》中所阐释的哲学基本问题的，主张自然界是本原、精神被自然界所决定，这就是唯物主义，相反则是唯心主义。在《唯物主义和经验批判主义》中，列宁重新界说了物质范畴，强调其客观实在性，从而摆脱了朴素唯物主义、机械唯物主义的理论纠缠。列宁还以自己的话语区分了两条不同的认识论路线，明确指出：主张从物到感觉到思想的是唯物主义的认识论路线,而主张从思想到感觉到物的则是马赫主义的认识论路线。也就是说,列宁在系统阅读黑格尔的《逻辑学》之前,就已经把唯物主义与认识论放在一起讨论,而在《哲学笔记》中提出的"三同一"思想,则是对辩证唯物主义认识论的进一步丰富和发展。

主观主义是唯心主义在实际工作中的表现形式,经验主义与教条主义是主观主义的两种具体形式,都是实际工作中表现出来的错误倾向。经验主义看似从实际出发,但本质上始终停留在现象和感性层面,一方面经验把握的仅仅是主体接触到的事物诸多规定性中的单一规定或某类规定,另一方面感性认知还未达到理性认知层面,因此经验主义表面上是从感性事物出发,实际上仅仅是对作为总体规定性的事物的某些规定的抽象把握。作为主观主义表现形式之一的教条主义,同样错在脱离处于运动与发展过程中的具体事物或现实,在事物运动和发展还没有结束之前就宣布人类认知已经达到终点。在实际工作中,教条主义表现为把已经形成的人类认知当作是最终的绝对真理,以为用这一套最终的绝对真理就可以分析和解决新历史阶段遇到的具体的现实的问题与困难。在新民主主义革命时期、社会主义建设和改革时期,都出现过只会背诵马克思主义个别词句的教条主义,它们多次使党和国家事业遭遇困难。一句话,教条主义与经验主义一样,都是害人害己的主观主义错误倾向。

主观主义是唯心主义在实际工作中的表现形式,因此主观主义错误倾向的彻底批判与消除,还需要我们重新批判性分析由唯心主义走向主观主义的内在机理。列宁对黑格尔关于主观辩证法与客观辩证法区别的批判性思考，就是对这一内在机理的批判性分析。

2. 主观辩证法限度的科学界说

我们经常说主观辩证法和客观辩证法，一般情况下，主观辩证法指作为思维方式的主体维度的辩证法，即主体所拥有的认识事物的辩证认识方法，客观辩证法指事物运动发展的辩证规律，这种辩证法不以人的意志为转移。《哲学笔记》对主观辩证法与客观辩证法有比较深入的批判性分析，严格说来，列宁讨论了三种形式的辩证法。可以确定的是，在《哲学笔记》中，列宁在黑格尔的文本中两次遇到关于辩证法的表述，第一次表述中出现了主观辩证法与客观辩证法，第二次表述中出现了主观辩证法、对象的内在的辩证法与客观辩证法。

主观辩证法在黑格尔那里被称作外在的辩证法，指的是概念的抽象运动或逻辑的抽象推演。这种概念的抽象运动或逻辑的抽象推演，在黑格尔看来只是在抽象思维领域的自我运动，它无法达到对事物本质的理解和把握。对于这种辩证法，黑格尔原话称之为"外在的辩证法"，列宁直接把它翻译成"主观辩证法"。但按照黑格尔的说法，这种主观辩证法并非我们平常所说的作为认知方法的辩证法，只是概念和逻辑方法。

对象的内在的辩证法，看起来就是我们以往所说的客观辩证法，但实际上在黑格尔的语境中，它只是作为现象或经验表象的辩证外观，也就是我们可以在自然界和人类社会中观察到的运动发展的辩证表象，黑格尔认为这是属于主体的，即一种主体的辩证经验，没有客观性。由此可见，在黑格尔那里，辩证法作为逻辑学和认识论的内在过程，是无法离开主体的认知过程的。简单地说，黑格尔始终是从主体认知的角度谈辩证法的。

也正是因为这个原因，黑格尔把第三种辩证法看作是主体在深入事物自身运动过程中认识到的并且可以确证的客观辩证法，或者是外在的辩证法（主观辩证法）与对象的内在的辩证法达到统一的客观辩证法，这里的"客观"指主体达到的对事物总体性的把握，即认知的客观性。有意思的是，虽然列宁阅读黑格尔辩证法的三分法时，没有提出批判性意见，但在具体理解上却反映了列宁的批判性意蕴。因此，列宁把黑格尔所阐释的主观辩证法与对象的内在的辩证法达到统一的客观辩证法，直接"翻译"为一切存在物的原则的完全客观的辩证法。也就是说，列宁没有陷入黑格尔的主体—客体—主客体统一的三段论抽象，而是直接从唯物主义出发提出唯物主义辩证法基本规律。

看似复杂的理论批判过程，实则是列宁对唯物主义辩证法基本规律的把握。在列宁看来，并不存在概念或范畴的独立的运动，概念或范畴的运动只不过是对自然界、人类社会及思维运动一般规律的能动反映，这是列宁对黑格尔唯心主义辩证法的"颠倒"。列宁抛弃黑格尔的唯心主义体系，成功改造黑格尔的辩证法思想，得到的唯物主义辩证法恰恰是我们由唯物主义前提出发正确把握客观事物的科学方法。

3. 走向实事求是的重要理论指引

列宁批判黑格尔唯心主义认识过程及其抽象的主体—客体—主客体统一的辩证法，目的在于去除其唯心主义外壳，而并非要否定事物及其认识的过程性。相反，列宁认为脱离事物运动发展的过程性是主观主义的本质。也就是说，脱离事物运动发展的过程性是实际工作中出现理论脱离实际的根本原因。因此，列宁认为，把握事物内部的对立统一及其推动的运动过程，是我们最终认识事物的关键，而且我们对事物及其运动的正确认识也是一个不断丰富和发展的过程。

这里必须回到对事物在时空中的存在形态加以分析的现实过程，列宁在《哲学笔记》中对运动的连续性和非连续性问题很重视，在肯定自然界、人类社会和人的思维都处于连续性和非连续性辩证统一的运动发展过程中的同时，强调了认识事物运动发展的辩证思维。也就是说，如果科学已经确证一切事物与现象都处于运动发展过程中，那么我们的思维方式也必须是辩证的，否则就不可能把握事物运动发展的真实情况。列宁把它与矛盾的对立统一联系起来看，解决了芝诺悖论。列宁指出，运动是时间和空间的非间断性与时间和空间的间断性的统一，运动是矛盾的统一，对立统一是一切自然的和精神的生命力原则。从思维角度看，以矛盾的对立统一作为本质和核心的辩证法，其灵魂和生命力就体现在内在的否定性方面，这种否定性是辩证法能够认识事物运动发展过程的根本，列宁称这种内在的否定性是辩证法能够把握运动的灵魂。列宁在这里扬弃了撇开事物本身运动发展特征的主观抽象层面的外在的辩证法，同时确证了辩证思维本身的合规律性。人类认识过程中主体性维度的辩证特征与客观事物维度的现实辩证过程的统一，就是人类认识事物可能性的最好阐释。所以列宁说："主体（人）的概念和实在的一致"才能到达"最高程度的客观主义"，即人只有通过辩证的环节才能把握"自己运动、活动的泉源、生命和精神的运动"①。

因此，在实际工作中，反对主观主义倾向必须对人类认识事物的辩证过程有清晰的认知。首先，面对现实事物及其现象，我们获得的是感性的认识，但是这种感性的认识主要还是对事物表象的认知，还没有达到对事物本质的认知。其次，我们通过在无数次实践活动中总结提升出来的一系列概念或范畴去分析和理解事物，从不同的侧面对事物的诸多规定性加以把握，从而真正进入事物运动发展的过程当中。概念和范畴看似抽象，却是在实践基础上观察和分析自然界、人类社会运动发展的经验总结，是主体（人）认识客体的重要中介。最后，当我们在实践过程中通过概念和范畴不断接近事物，并在实践活动中不

---

① 《列宁全集》第 55 卷，人民出版社 2017 年版，第 198 页。

断检验认识的真理性时，我们对事物总体规定性的把握才真正地由抽象走向客观，这个客观指的是主体（人）对事物运动发展本身的接近。所以，列宁说，从生动的直观到抽象的思维，从抽象的思维再到实践，这就是认识真理、认识客观实在的辩证途径。

在当前的实际工作中，还存在主观主义的倾向，持有主观主义倾向的人有意无意地把认识过程当作从主体到客观的直线，而不是不断接近事物的螺旋式上升的曲线，把特定时间阶段或特定空间范围的局限性认识当作整体性认知，从而使自己走向教条主义或经验主义的泥潭。所以，毛泽东指出："实践、认识、再实践、再认识，这种形式，循环往复以至无穷，而实践和认识之每一循环的内容，都比较地进到了高一级的程度。"①这里的起点是实践，终点也是实践，这也是实事求是的根本指向：一切从实际出发，理论联系实际，在实践中检验真理和发展真理。

二、系统观念的初始阐释版本

唯物主义辩证法告诉我们，事物是相互联系的，联系是普遍的、客观的；事物是永恒发展的，一切事物每时每刻都处于运动发展过程当中。系统论告诉我们，系统具有目的性、层次

①《毛泽东选集》第1卷，人民出版社1991年版，第296—297页。

性、相关性、整体性、动态性特征。在现实生活或实际工作当中，我们经常犯形而上学的错误，割裂事物间的现实联系或者事物发展的不同阶段，使自己的观点和结论趋于片面化和僵化。我们之所以犯形而上学的错误，原因有很多，除了割裂现实联系或发展的不同阶段外，还有一个重要原因，那就是把事物的联系与事物的发展相互割裂开来。列宁的《哲学笔记》的优点在于：把事物的普遍联系与运动发展结合起来，内在地揭示了矛盾对立统一就是事物规定性的相关联系、相互过渡，因此对于事物的运动发展来说，普遍联系与永恒发展本来就是同一过程的不同方面。显然，这是对现实生活和实际工作中把普遍联系和永恒发展割裂开来的形而上学的纠正，也为我们正确解读党的二十大提出的必须坚持系统观念基本内涵提供了重要指引。

1. 事物从联系到发展的内在性论证

前文提到，事物是运动发展的，而且遵循否定之否定的基本规律，那么事物为什么会运动发展呢？更进一步，事物运动发展的根本动力是什么？列宁在《哲学笔记》中，把事物运动发展的根本动力揭示为事物各种规定性、不同方面的普遍联系及其相互过渡，也就是事物自身的对立统一。这样一来，列宁一方面把唯心主义所指定的事物运动发展的第一动力即"神"抛在了一边，另一方面又扬弃了黑格尔辩证法的唯心主义外壳，直接回到了事物运动发展过程的本身。

黑格尔也批判过康德等人的主观主义倾向，强调逻辑本身是处于运动过程当中的，其中包含着复杂的概念和思维各种规定性的普遍联系与相互过渡，也提出了辩证认识事物的两个条件：一是联系的必然性，二是差别的内在发生。这里的联系的必然性，是指概念或思维规定性是多样的，它们处于相互联系当中，从不同的侧面认知各种各样的规定性。这里的差别的内在发生，强调的是概念或思维各规定性的相互过渡。如果都是同一的，就不存在过渡，也就体现不了实在事物与现象的运动发展。很显然，黑格尔局限于从逻辑学看问题，这种差别的内在发生的动力来自黑格尔的绝对精神，究其根本，这里的差别的内在发生是被黑格尔主观设定的。这是列宁要批判黑格尔唯心主义的基本原因。那么怎么才能找到那个真正的差别的内在发生的动力呢？这恰恰是列宁的理论贡献：事物的各种规定性、部分是相互转化和过渡的，这种转化和过渡源自事物内部各种规定性、部分的对立统一。在列宁的理论范式中，矛盾或对立统一代替了上帝或绝对精神，成为事物自身运动发展的第一推动力。

列宁的理论创新是极其重要的，这一理论创新解决了事物普遍联系与永恒发展的内在统一性问题。以往我们理解事物也用到普遍联系和永恒发展这两大原理，而且这两大原理运用于分析一般性事物也是够用的，但其没有从本体论层面解答由普遍联系到永恒发展的现实过渡问题。列宁在作出理论总结时，也感觉到这一问题的重要性，所以他用了"非常重要！！"来表示这一观念的重要性，这在《哲学笔记》中是不多见的。列宁在《哲学笔记》中点评黑格尔思想用得最多的是"注意"，或者在"注意"两个字后面加感叹号。列宁在此处的表述直截了当，第一，"现象的某一领域的一切方面、力量、趋向等等的必然联系、客观联系"[①]，联系是广泛的，它包括一切方面、力量、趋向，即各种规定性的相互联系。第二，"'差别的内在的发生'，是差别、两极性的演进和斗争的内部客观逻辑"[②]，黑格尔的差别的内在发生被列宁指认为各种规定性的差别、两极性的相互斗争和过渡。也就是说，在列宁的理论范式中，各规定性的普遍联系是前提，而各规定性的相互斗争和过渡是现实运动的根本动力，两者都是指向事物或现象自身的运动发展的。这就很好地解答了为什么习近平总书记提出系统观念时，把普遍联系和永恒发展诸多原理都包括其中，而不是单纯讲普遍联系基本原理。

2. 由普遍联系、永恒发展走向真理

前文已经解答了从否定事物运动发展的辩证过程走向主观主义错误倾向的问题，因此在这一部分主要讨论为什么在现实生活和实际工作中容易出现由忽视事物普遍联系和永恒发展滑向偏离事物本质的错误认识问题。我们从认识的总体性、客观性和开放性三个角度展开讨论。

---

① 《列宁全集》第 55 卷，人民出版社 2017 年版，第 82 页。
② 《列宁全集》第 55 卷，人民出版社 2017 年版，第 82 页。

　　从列宁的《哲学笔记》的不断深化看，其始终没有离开三个关键词，即认识的总体性、客观性和开放性。从总体性讲，黑格尔讲得最多的是逻辑学中概念或思维的多重规定性的总体性。正是对这些概念或思维的多重规定性的不断理解和把握，成就了逻辑体系的整体建构，从而为认知现实世界提供了认识论框架。在辩证唯物主义视域中，就具体事物的认识来说，如果只是掌握了事物的某个规定性，那么这种知识是不全面的，因为它缺少对事物诸多规定性的把握。这个时候，我们说认识还没有达到客观性，因为客观性是与事物的诸多规定性相对应的。虽然客观性一般指客体所具有的现实特性，但是从认识论的角度看，这种客观性首先指主体（人）对事物所包含的诸多规定性的统一认识，它与此前所解释的总体性是一致的，没有达到对事物规定性的总体性认识。在这种情况下，认识相对于具体事物来说就是有欠缺的，谈不上客观性。

　　如果把总体性和客观性当作认识论的空间规定性，那么认识的开放性则可以被把握为由实践活动决定的时间规定性。虽然时间规定性强调的是人类认识的过程性，但是反过来也间接地作用于空间规定性，因为正是随着实践活动的推移，人们不断地丰富和发展自己的认识能力和知识体系。处于某个特定时空中的具体事物，其规定性是确定的，但是人类的认知能力是有限的，事物规定性本身的显现也有一个过程，这就决定了我们在特定时空范围内对具体事物的认识是有局限的。这种局限的打破，需要人类不断提升认识世界和改造世界的能力。基于能力的不断提升，我们才有可能不断接近具体事物的总体性，从而不断接近关于某一具体事物认识的客观性。

值得注意的是，当在无法接近事物规定性的总体性的情况下，我们是无法全面分析事物所包含的多种规定性之间的多种多样的矛盾或对立统一的，那么就没有办法抓住主要矛盾或矛盾的主要方面，因此就无法科学研判事物运动发展的基本动力及其主要趋势。平时我们常讲，要把"两点论"与"重点论"相结合，其实这种结合是有条件的，这个条件就是要把握事物各种规定性的总体性。从矛盾把握来看，离开了这种总体性，我们就容易掉入"乱弹琴"或"胡子眉毛一把抓"的方法论陷阱。

3. 系统观念下新时代的系统性阐释

在党的十九届五中全会前后，习近平总书记把唯物主义辩证法与系统论进行综合创新，总结提升出马克思主义哲学重要范畴"系统观念"。习近平总书记指出，从实践经验看，党中央坚持系统谋划、统筹推进党和国家各项事业，带领全党全国各族人民取得了历史性成就，"在这个过程中，系统观念是具有基础性的思想和工作方法"①。从"十四五"时期的工作谋划和推进看，全面建成小康社会后，国内发展不平衡不充分问题仍然存在，国际环境显得更加复杂多变，不确定性和不稳定性变量日益增多，因此，"必须从系统观念出发加以谋划和解

---

① 《习近平谈治国理政》第 4 卷，外文出版社 2022 年版，第 117 页。

决，全面协调推动各领域工作和社会主义现代化建设"①。

党的二十大报告把"必须坚持系统观念"作为习近平新时代中国特色社会主义思想世界观和方法论的核心内涵之一，并对其具体内容进行了充分的理论阐述。党的二十大报告指出："必须坚持系统观念。万事万物是相互联系、相互依存的。只有用普遍联系的、全面系统的、发展变化的观点观察事物，才能把握事物发展规律。我国是一个发展中大国，仍处于社会主义初级阶段，正在经历广泛而深刻的社会变革，推进改革发展、调整利益关系往往牵一发而动全身。我们要善于通过历史看现实、透过现象看本质，把握好全局和局部、当前和长远、宏观和微观、主要矛盾和次要矛盾、特殊和一般的关系，不断提高战略思维、历史思维、辩证思维、系统思维、创新思维、法治思维、底线思维能力，为前瞻性思考、全局性谋划、整体性推进党和国家各项事业提供科学思想方法。"②对这一段关于系统观念的阐述，我们可以从四个方面加以具体分析。

首先，系统观念的客观依据是事物普遍联系的客观性。万事万物是相互联系、相互依存的，这是人们观察自然界、人类社会和思维领域得出的科学结论，也是系统观念提出的基本前提。这句话告诉我们，系统观念的前提并非哲学家抽象的主观设定，也并非数学或物理学科的基本假设，而是世间万物普遍

---

① 《习近平谈治国理政》第 4 卷，外文出版社 2022 年版，第 117 页。
② 《习近平著作选读》第 1 卷，人民出版社 2023 年版，第 17 页。

的客观规定性。这一条是非常重要的，因为其坚持了唯物主义的基本立场，坚持了列宁在《哲学笔记》中所提到的观察的客观性。因此，也就避免了黑格尔学派抽象的逻辑学演绎，同时避免了黑格尔所批判的外在的辩证法的主观性。

其次，系统观念是基础性思想方法和工作方法。这是从系统观念的功能角度看，基于万物普遍联系的基本前提的。只有用普遍联系的、全面系统的、发展变化的观点观察事物，才能把握事物的发展规律。马克思主义从来不用简单的抽象假设或举例类比的方法来建构严谨的科学理论体系，因为在万物普遍联系与系统观念之间并非一种类比关系。在马克思主义理论体系当中，系统观念是人们由以深入事物本身的普遍联系、永恒发展过程的方法，它可以帮助我们最终实现对事物运动发展的总体性认识。所以，坚持系统观念，也就是坚持辩证唯物主义的真理观，也就从根本上解决了列宁在《哲学笔记》中提出来的如何达到认识的客观性这一初始问题。

再次，推进中国式现代化是一个系统工程。中国式现代化是经济、政治、文化、社会、生态等各领域现代化有机推进的系统工程，运用系统观念来引领建设与改革，具有重要的现实指导意义。党的十八大以来，以习近平同志为核心的党中央统筹推进"五位一体"总体布局、协调推进"四个全面"战略布局，成功带领人民取得了新时代中国特色社会主义建设的历史性成就，充分体现了系统观念的历史张力。当前，我们面临的国内外矛盾错综复杂，遇到的社会问题多种多样，因此，要善于从系统观念出发思考、分析和解决现实问题，系统谋划和协调推进中国式现代化。

最后，系统观念包含着丰富的科学内涵。第一，系统观念遵循了从现象到本质的辩证唯物主义认识论路线。通过历史看现实、透过现象看本质，既保证了认识前提的正确性，又确保了认识本质这一目标的达成。第二，在普遍联系和永恒发展基本原则下作出战略谋划。把握好全局和局部、当前和长远、宏观和微观、主要矛盾和次要矛盾、特殊和一般的关系，既坚持了唯物主义辩证法与系统论所阐述的普遍联系原则，又坚持了唯物主义辩证法与系统论所阐述的永恒发展观。第三，概括提升了"七大思维能力"。战略思维、历史思维、辩证思维、系统思维、创新思维、法治思维、底线思维能力，这是党中央在总结历史经验特别是党的十八大以来实践经验的基础上提出来的，是新时代中国共产党人工作制胜的思维方式与思维能力。系统观念这三个方面的核心内涵,为中国共产党人前瞻性思考、全局性谋划、整体性推进党和国家各项事业提供了科学的思想方法。

三、话语体系建构生动实验室

列宁在《哲学笔记》中重点阐释了逻辑学、认识论和辩证法的"三同一"思想，逻辑学中的概念演绎与逻辑过渡，人们认识事物从一个阶段到更高阶段的发展，以及对立统一所推动的辩证运动过程，本质上是同一个过程。"三同一"思想的意义不仅仅在于列宁揭示了三个过程的同一性，还在于他为我们提供了建构中国特色话语体系的理论指引。列宁认为，《资本论》就是马克思给我们留下的逻辑学，同时，《资本论》又是一部资本主义历史的认识论，《资本论》作为逻辑学和认识论，其中包含着唯物主义辩证法。今天我们书写中国特色话语体系特别是中国式现代化话语体系，也要体现逻辑学、认识论和辩证法的统一性。但是与黑格尔的唯心主义语境不同，马克思主义的"三同一"思想是建立在唯物主义基础之上的，唯物主义辩证法既是世界观也是方法论，马克思主义认识论是我们运用科学的世界观和方法论去认识事物的科学理论体系，马克思主义逻辑学则是关于概念过渡与转化的科学理论体系。

列宁在《哲学笔记》中已经说得非常明白了，自然界、人类社会和思维运动的根本动力都是矛盾，即对立统一，对立统一是一切事物的生命和灵魂。这是马克思主义创始人在观察分析自然界、人类社会和思维运动过程的基础上总结出来的科学结论，而不是黑格尔哲学语境中被主观设定的前提。回到人类社会历史领域，马克思主义创始人基于几千年的人类社会历史，抽象提升出生产力与生产关系、经济基础与上层建筑之间的矛盾规律，揭示了人类社会历史发展的基本动力，为我们分析具体历史阶段提供了基本理论框架，也为我们建构中国特色话语体系提供了科学的思想方法。

马克思主义创始人并没有终结历史辩证法，而是为我们深化认识人类社会发展规律开辟了道路。马克思、恩格斯在《德意志意识形态》中说过一段非常精彩的话："在思辨终止的地方，在现实生活面前，正是描述人们实践活动和实际发展过程的真正的实证科学开始的地方。关于意识的空话将终止，它们一定会被真正的知识所代替。对现实的描述会使独立的哲学失去生存环境，能够取而代之的充其量不过是从对人类历史发展的考察中抽象出来的最一般的结果的概括。这些抽象本身离开了现实的历史就没有任何价值。"[1]这段话的精髓是告诉我们，人们对人类社会历史规律的认识是不断深化的，生产力与生产关系、经济基础与上层建筑的矛盾规律也是可以拓展的。党的二十届三中全会提出，"推动生产关系和生产力、上层建筑和经济基础、国家治理和社会发展更好相适应"[2]。这里就充分体现了中国共产党人对人类社会发展规律的深化认识，把国家治理和社会发展之间的对立统一作为社会发展的基本动力，这在历史唯物主义发展史上还是第一次。

具体来说，关于我国社会发展不同阶段主要矛盾的认知，同样体现了中国共产党人对我国社会发展动力的现实认知。就我国社会主义革命基本完成以来的社会主要矛盾变迁而言，中国共产党人是有足够的历史自觉的，因此在党的十九大报告中

---

[1]《马克思恩格斯文集》第1卷，人民出版社2009年版，第526页。
[2]《中共中央关于进一步全面深化改革 推进中国式现代化的决定》，《人民日报》2024年7月22日第1版。

提出：进入新时代以来，我国社会主要矛盾已经由人民日益增长的物质文化需要同落后的社会生产之间的矛盾，转化为人民日益增长的美好生活需要和不平衡不充分的发展之间的矛盾。社会主要矛盾的转化表明推动我国社会发展的现实动力已经发生变化，这就为我们解决社会主要矛盾从而推进新时代历史使命与任务提供了历史方位。由此可见，建构中国特色话语体系必须坚持唯物主义辩证法，把矛盾即对立统一作为我国社会发展的根本动力，围绕我国社会主要矛盾的解决这一主题，不断建构中国式现代话语体系。

"三同一"思想的精髓与内核是对立统一的辩证展开，这在认识论理论建构上体现为感性直观到理性提升再到具体总体的再现，在逻辑学理论建构上体现为各种范畴的相互过渡和逻辑本身的不断演绎与推进。在列宁看来，对社会历史的认识与概述社会历史的概念推演是一回事，也就是辩证法贯穿其中的认识论与逻辑学是一回事。因此，我们把认识论与逻辑学放在一起阐释，认识论侧重的是人们认识事物的过程，而逻辑学侧重的是与认识过程相对应的概念过渡与转化。

在黑格尔的哲学语境中，概念开始是抽象的，它面对的是没有规定性的实存，而当概念进入实存自身的运动过程中时，便开启了认识事物的过程。概念对于具体事物的理解总是从个别的规定性开始，这个时候的概念或思维还谈不上对事物总体的理解和把握，而只有理解和把握了事物的总体性，才能称得上接近了事物的客观性。但是在辩证唯物主义语境中，认识过程变得更加清楚明白，人们的认识总是从感性经验开始，然后经由概念、判断和推理，进入理性认识层面。但是必须记住的是，辩证唯物主义的认识论是建立在人们改造世界的实践活动的基础上，认识论过程自身不会自我推动，认识基础、动力和目的都与实践活动有关。因此，辩证唯物主义的认识论建构，不能离开对人们实践活动过程的观察与分析。

前文谈到，列宁以《资本论》为例，强调对资本主义历史的认识与概述资本主义历史的概念推演具有同一性，指出马克思从商品开始分析，通过逻辑和历史的演绎与归纳，实现了对资本主义生产方式及其运动规律的系统性认识。从马克思主义的科学方法论来看，聚焦社会经济基础的研究，深入理解资本主义的历史，这是最合理不过的，因为经济基础决定上层建筑是历史发展的基本规律。对于中国特色话语体系的建构而言，同样如此，即中国特色社会主义政治经济学的研究是最基础的任务和工作。但是要注意的是，马克思主义同样告诉我们，中国特色社会主义建设是一个系统工程，除了经济领域的话语体系建构，还需要对社会有机结构的其他领域和维度加以具体的分析研究，如此才能建构起基于中国特色社会主义实践的系统性话语体系。

按照列宁的《哲学笔记》所蕴含的基本观点，还有一点是必须强调的：中国特色话语体系的建构还要经得起实践本身的检验，并且要随着中国特色社会主义实践的推进，不断地丰富和发展中国特色话语体系。这样才能保证我们所建构的中国特色话语体系充分体现逻辑学、认识论和辩证法的"三同一"思想。